Viel Spaß & Freude beim kochen lernen!

Grenzenlos Kochen
Ein Ort schaut über den Tellerrand

Für Theresa ♡ von Josefa

© 2010 Verein Grenzenlos St. Andrä-Wördern
Lehnergasse 17, 3423 St. Andrä-Wördern, Österreich
www.grenzenloskochen.at

Alle Rechte vorbehalten, alle Angaben ohne Gewähr.

Redaktion: Aida Maas-Al Sania & Marianne Prebio
Fotos: Nadja Meister, Sara Meister (S. 9, 52), Anna Gruber (S.24–28, 66),
Barbara Schneider-Resl (S. 99, 134), H. Seeber (S. 105), Monika Vyslouzil (S. 112)
Grafik: Grafdwerk, Barbara Schneider-Resl & Anna Gruber
Druck: Druckerei Janetschek GmbH, 3860 Heidenreichstein

ISBN 978-3-9502693-1-4

»Grenzenlos integriert niemanden«

Weil Integration für uns eine Selbstverständlichkeit ist.

Grenzenlos St. Andrä-Wördern, das ist gelungene Integration! – So werden unsere Aktionen oft angekündigt. So werden wir gern dargestellt.

Schon vor sechs Jahren, als unsere ersten Kochabende stattfanden, war Integration ein brisantes Thema. Das ist heute nicht anders, doch der Begriff ist banaler geworden. Alles und jeder muss integriert werden – aber wo und wohin eigentlich?

Grenzenlos integriert niemanden. Grenzenlos ist eine Plattform für alle Menschen, die Kontakte in der Gemeinde schließen wollen. Diese Plattform ist grenzenlos, weil sie sich über altersbedingte, soziale, ethnische und staatliche Grenzen hinweg ausbreitet. Nach sechs Jahren, zwei Kochbüchern, zwei Kalendern, einem Film und vielen neuen Projekten können wir sagen: Die Plattform Grenzenlos funktioniert.

Am Beginn stand die Idee, Menschen beim Kochen und beim Essen zusammenzubringen: Junge und Alte, Einheimische und »Zuagraste«. Das war der Anfang, und der Funke sprang über: Bald wurde jeden Monat gemeinsam gekocht, bald entstanden weitere Projekte wie Grenzenlos Literatur, Grenzenlos Spielen, Grenzenlos Fußball, Grenzenlos Singen, Grenzenlos Puppentheater. Besonders am Herzen liegen mir unser Sprachkurs Grenzenlos Deutsch und die drei intensivsten Tage des Jahres, unser Jahresfest Grenzenlos Sommer.

Gemeinsam ist diesen Aktivitäten die Freude am Miteinander, das Interesse und die Neugier am Anderen und ja, auch am Fremden! Jeder ist willkommen. Jeder kann sich wohlfühlen in der Grenzenlos-Community. Durch die geschlossenen Kontakte entstanden neue Initiativen, Kunstprojekte und Patenschaften. 2009 spielten wir Theater (»Deine Meine Unsere«), und heuer haben wir das Tischler- und Malprojekt »Zwischen zwei Sesseln« gestartet.

Ich blicke gespannt und freudig in die Zukunft. Was wird sich entwickeln? Welche Initiativen werden entstehen? Das Potenzial ist vorhanden – wir sehen und erleben es seit sechs Jahren. Mit diesem Buch blicken wir auf unsere Initiative zurück: Rezepte und Erinnerungen, Fotos und kleine Geschichten – jede dokumentiert ein Stück gelebter Freude am Miteinander in St. Andrä-Wördern.

Nein, Grenzenlos integriert niemanden. Grenzenlos sind alle Menschen, die bei uns zusammenfinden.

ANNA GRUBER
VEREIN GRENZENLOS ST. ANDRÄ-WÖRDERN

Grenzenlos Kochen

In einem niederösterreichischen Ort erfanden »Zuagraste« eine Plattform, die Menschen zusammenbringt – ein faszinierendes Modell der Zivilgesellschaft.

Was verbindet eine 1956 nach Österreich geflüchtete Ungarin, einen Installateur aus Tunesien, einen indischen Vermögensberater, einen Universitätsmitarbeiter aus New York und einen aus Afghanistan geflüchteten Mann miteinander?

Sie wohnen alle in St. Andrä-Wördern, 25 km westlich von Wien – das ist Zufall. Sie begegnen einander fast täglich auf dem Bahnsteig, wenn die St. Andrä-Wörderner morgens nach Wien pendeln. Und sie kennen sich – weil sie fast jeden Monat einen Abend lang zusammen sind. In St. Andrä-Wördern sind Zuwanderer ein Gewinn, hier sind Fremde Freunde, und alle kommen zusammen – in einer Küche!

Begonnen hat alles im Jahr 2002, als vier Familien ziemlich gleichzeitig Häuser im Ort bezogen. Franz war entschlossen, nicht nur sein Bett, sondern auch seinen Lebensraum aufs Land zu verlegen. Er besuchte den Bürgermeister in seiner Sprechstunde: »Ich wohne jetzt hier. Meine Frau ist aus Tschechien, und wir möchten wissen, wo die Menschen hier im Ort eigentlich herkommen.« Der Bürgermeister wusste es nicht, aber es interessierte auch ihn, und er ließ die Herkunft der Gemeindebürger ausheben. Das Ergebnis faszinierte beide: Die Bevölkerung von St. Andrä-Wördern mit 7500 Einwohnern kam damals aus 59 Ländern!

Eine mehrsprachige Einladung

Einige davon kannte Franz bereits: den Computerfachmann Alper, geboren in Istanbul, und seine steirische Frau Astrid. Die Vorarlberger Ergotherapeutin Karin und ihren kurdischen Mann Alirıza. Den Marketingleiter Jürgen aus Vorarlberg und seine Frau Barbara aus Salzburg. »Wir waren vier Familien, wir waren neu hier, und wir standen noch unter dem Eindruck des Lichtermeers am Wiener Heldenplatz«, erinnert sich Franz. »Wir träumten von einer Gemeinschaft.«

Man beschloss, einen Kochabend zu organisieren, verfasste eine mehrsprachige Einladung, und wieder war der Bürgermeister hilfreich: Die Gemeinde versandte das Schreiben an alle Zugewanderten, subventionierte vier Kochabende und stellte einen Raum zur Verfügung: die neu adaptierte alte Volksschule in Greifenstein, ausgestattet mit einer modernen geräumigen Küche.

Die Idee: Wir kochen und speisen zusammen. In der Küche treffen »genauso viele Personen zusammen, wie Platz haben«, sagt Franz. Jeder kocht ein Rezept aus seiner Heimat und sieht den anderen über die Schulter, kostet und plaudert. »In dieser Küche ist unsere Gemeinschaft entstanden«, sagt Alirıza, der Kurde. »Esskultur ist ein Stück Heimat, ein Stück Herkunft, das du mit anderen teilen kannst.« Die Kochenden werkeln entweder vor Ort oder bringen vorbereitete Lieblingsspeisen mit. Wer nicht kocht, wäscht ab oder gibt eine Spende.

Eine Idee wird groß

»Mit dem Kochlöffel in der Hand begegnet man sich anders als morgens auf dem Bahnsteig nach Wien«, beschreibt Alper die neue Stimmung in St. Andrä-Wördern. Die Kochabende sind geblieben. Man hat sich als Verein »Grenzenlos Kochen« formiert – gekocht wird achtmal im Jahr in der inzwischen legendären Küche der alten Volksschule.

Auch alteingesessene Einheimische haben inzwischen einen Blick auf die neuen Aktivitäten riskiert – und selbst den Kochlöffel geschwungen. Mundpropaganda, Neugier und Medienberichte senken die Hemmschwellen und machen Lust auf die Begegnung mit bislang unbekannten Mitbürgern.

»Grenzenlos Kochen« finanziert sich längst selbst: Mit zwei Kochbüchern mit europaweitem Medienecho und zwei Kalendern deckt der Verein seine Kosten. »Der Duft der internationalen Küche eines Dorfes macht ganz Österreich Appetit«, schrieb beispielsweise die »Süddeutsche Zeitung«.

»Gerade für Flüchtlinge ist Grenzenlos Kochen ein erster Anker im neuen Land«, betont Anna Gruber. »Wenn du aus deiner Heimat nichts mitnehmen kannst, dann sind Rezepte von Daheim oft das Einzige, was dir bleibt.«

In St. Andrä-Wördern ist Essen auch der Schlüssel zu einer neuen Heimat, die keine Grenzen kennt.

(Auszüge aus einem Artikel von Thomas Aistleitner, erschienen 2009 in »henri – das Magazin, das fehlt«)

THOMAS AISTLEITNER

Nadja Meister

Die Hühnersuppe (Goldene Suppe, Goldene Joich – jüdisch)

Fisch gibt es nicht überall, und Gemüse variiert regional stark. Rindfleisch essen Inder nicht, und das Schwein ist im Islam tabu. Huhn aber lieben alle: Juden, Christen und Muslime, Afrikaner, Amerikaner und Asiaten.

Auch wenn das Huhn oft das einzige Fleisch ist, das in den Armenküchen auf den Tisch kommt, ist die Hühnersuppe kein Armeleutegericht. Im Gegenteil: Die Brühe vom Huhn gilt als die feinste, und in vielen Kulturen gibt sie die Festtagssuppe.

In den USA wird Hühnersuppe oft »Jewish Penicillin« genannt, da die heiße Suppe bei Erkältungen und Grippe Wunder wirken soll! Dies hat auch schon Maimonides beschrieben, der sie als »zuträglich für den schwachen Körper« bezeichnete. Beliebte Einlagen sind Reis, Suppennudeln oder – echt jüdisch – Matze-Klöße.

Zutaten:

Ganzes Huhn oder Hühnerteile
Rindsknochen (in Indien ohne)
Karotten, Stangensellerie
Zwiebel, Petersilienwurzel
2 Lorbeerblätter
Salz, schwarze Pfefferkörner
Wasser

Ein ganzes Huhn oder Hühnerteile gut waschen und danach in einen großen Topf geben.

Dann eine Zwiebel (mit Schale) grob gehackt, eine Karotte in dicke Scheiben geschnitten, eine Stange Sellerie gehackt sowie zwei Lorbeerblätter und die klein geschnittene Petersilienwurzel hinzugeben. Zusammen mit den Rindsknochen, zwei bis drei Teelöffel Salz und einigen schwarzen Pfefferkörnern die Suppe langsam zum Kochen bringen und zwei Stunden köcheln lassen.

Die Flüssigkeit abseihen, abkühlen lassen und über Nacht in den Kühlschrank stellen. Die Karotten aufheben. Am nächsten Tag das erstarrte Fett von der Suppenoberfläche abschöpfen.

Die Suppe mit den Karotten aufwärmen, allfällig Nudeln hinzugeben, servieren und essen, solange sie noch heiß ist.

Die Hühnersuppe global betrachtet:

Mexiko – mit Mais, Avocado, Tomate, Koriander und Jalapeños
Türkei – mit Mehl, Joghurt und Eigelb legiert, mit Harissa und Minze gewürzt
Polen – mit Suppengrün, Staudensellerie, Sauerkraut und Kümmel
Schottland – mit Lauch, Gerste, Backpflaumen und Petersilie
Indonesien – mit Currypaste, Glasnudeln, Kaffirlimette, Staudensellerie, Sojasprossen, gekochtem Ei und Röstzwiebel
Ghana – mit Aubergine, grünem Paprika, Chili und Süßkartoffel
Norwegen – mit Karotten, Lauch und Apfel
Elfenbeinküste – mit Okra, Tomate und Zwiebelringen
China – mit Ingwer, Jujube (chinesische Dattel), Chinakohl, Frühlingszwiebel, Strohpilzen, Mais, Sesamöl, Reis und Ginseng
Thailand – mit Zitronengras, Chili, Kaffirlimettenblättern, Kokosmilch, kleinen Auberginen, Fischsauce und Koriandergrün
Karibik – mit Hühnerfüßen, Chili und gemischtem Gemüse
Schweden – mit Kartoffel, Sellerie, Weißkohl, Karotte und Dill

Ghana

NANA OPOKU AGYEMONG

*Nana kommt aus Kumasi in Ghana und lebt seit 2006 in Greifenstein. Er hat drei Kinder, sein ältester Sohn ist 15 Jahre alt. »In Ghana kochen meistens die Frauen, doch meine Mutter hat mir Kochen beigebracht. In Ghana habe ich aber viel seltener gekocht als hier. Ich mag zwar österreichisches Essen, aber meines schmeckt mir auch sehr gut.
In Ghana verwenden wir viel Erdnuss- und Palmöl zum Kochen, wir essen viel Fleisch, aber auch viel Gemüse, zum Beispiel Spinat. Unser Fleisch kochen wir nicht so lange, weil wir gute Zähne haben.
Ich bin Aschanti, das ist eines von ca. 120 Völkern in Ghana. Wir Aschantis machen viel Musik, zum Beispiel spielen wir Adua und Kitte (Trommeln) und tanzen dazu. Ich finde Österreich schön. Ich kenne aber nicht sehr viel davon. Viel lieber wäre ich in Ghana, wenn ich dort nicht so viele Probleme hätte.«*

Erdnuss-Huhn

Zutaten:

Erdnussbutter
Tomatenmark
Passierte Tomaten
Huhn
Zwiebel
1 Würfel Hühnersuppe
Scharfes Paprikapulver
Knoblauch
Ingwer
Salz

Erdnussbutter mit Tomatenmark und passierten Tomaten gut vermischen. Dann mit ein bisschen Wasser so lange in einer Pfanne unter ständigem Rühren leicht köcheln lassen, bis das Öl oben schwimmt. Vorsicht, dass es nicht anbrennt!
Das Fleisch und die Zwiebel schneiden. Ein Würfel Hühnersuppe, Salz, scharfes Paprikapulver, zerdrückten Knoblauch und Ingwerstückchen mit Wasser so lange kochen, bis das Fleisch weich ist. Dann die Erdnuss-Tomaten-Sauce dazugeben und nochmals köcheln lassen. Je nachdem, ob man viel oder wenig Wasser dazu gibt, wird es eine Suppe oder ein Eintopf.
Wir essen dazu Doknu (Maisknödel), Gali (aus Kassava), Fufu oder Reis.

Ellas Cookies

Zucker, zwei Eier, Butter und Vanillezucker in einer Schüssel mixen. Mehl, Salz und Backpulver in einer zweiten Schüssel vermischen. Dann das letzte Ei und die Schoko dazu geben und alle Zutaten zu einem Teig verrühren. Den Teig in löffelgroßen Häufchen auf das mit Backpapier ausgelegte Blech geben und 8 bis 13 Minuten lang bei 180 °C im Ofen backen. Danach in Stückchen brechen und genießen.

Dieses Rezept stammt aus England. Mariella hat es von ihrem erst kürzlich stattgefundenen Sprachaufenthalt mitgebracht.

Zutaten:
2 und 1/4 Tassen Mehl
3/4 Tasse brauner Zucker
1/4 TL Salz
3/4 Tasse weißer Zucker
1/4 TL Backpulver
3 Eier
250 g Butter
1 Pkg. Vanillezucker
300 g Schokolade, klein gehackt

Niederlande / Italien

MIEKE LIPPHARD-VISSCHER

Tiramisu-Pralinen

Zutaten (für 50–60 Stück):

125 g QimiQ
20 g Feinkristallzucker
300 g weiße Schokolade
100 g Mascarpone
1 TL Löskaffeepulver
50 ml Amaretto
80 g Kakaopulver
etwas Kakaopulver zum Wälzen

Löskaffee und Zucker im leicht erwärmten Amaretto auflösen. QimiQ glatt rühren. Amaretto-Mischung, Mascarpone und Kakaopulver dazugeben und gut vermischen. Die weiße Schokolade schmelzen und darunter ziehen. Die Masse mindestens drei Stunden lang kalt stellen. Kleine Kugeln formen und in Kakaopulver wälzen. Gekühlt aufbewahren!

Mieke wohnt schon seit 28 Jahren in St. Andrä-Wördern und ist mit Marianne Prebio für Grenzenlos Kochen verantwortlich. Obwohl sie schon so lange in Österreich wohnt und das auch gerne, hält sie doch an so manchen niederländischen Bräuchen und Ritualen fest.

In den Niederlanden ist das Backen von Weihnachtsbäckerei nicht so üblich. Wir backen für Familienfeste und dann anstatt der Kekse Mehlspeisen oder Pralinen. Ein Brauchtum, das einzigartig auf der Welt ist, ist das »Gratulieren«. Nicht nur bei der Geburt eines Kindes gratuliert man den Eltern oder Großeltern, sondern auch bei jedem Geburtstag wird neben dem »Geburtstagskind« der Familie aufs Neue gratuliert. Das Gleiche gilt natürlich für Hochzeiten: Neben dem Brautpaar gratuliert man auch den Familienangehörigen. Aber es geht noch viel weiter. Wenn zum Beispiel der Freund meiner Tochter Geburtstag hat, gratuliere ich meiner Tochter zu ihrem Freund…

Die Idee dahinter: Man freut sich mit Familie und Freunden mit und das schafft auch eine Art Zusammengehörigkeitsgefühl. In Österreich stoße ich aber dabei immer wieder auf verdutzte Gesichter und bekomme nicht selten zu hören: »Aber ich habe ja gar nicht Geburtstag!«

Österreich / Deutschland

SABINE PARZER

Sabines Salat

Alle Zutaten gut miteinander mischen und ein bis zwei Stunden lang ziehen lassen.

Den Salat hab ich zum ersten Mal in Berlin bei meiner Freundin Olga gegessen. Seitdem darf er bei keiner Party fehlen. Olga ist aus Deutschland und kennen gelernt hab' ich sie in Chicago. Der Salat ist aus Thailand. Ich komm' mittlerweile aus St. Andrä-Wördern. Mein Zuhause!

Zutaten:

geriebene Karotten
gesalzene Erdnüsse
Sojasprossen (frisch)
frischer Koriander oder Petersilie
Balsamico und Olivenöl
Kräutersalz

Sabine Parzer & AliRıza Göktas

Nachbarn, die nicht wegsehen

Ein Gespräch über den Verein Grenzenlos Kochen mit Sarah Buedi und Mahmud Qasemi von Renate Sova

Sarah (Ghana) und Mahmud (Afghanistan) sind seit vielen Jahren ein Paar und leben zur Zeit im ÖJAB-Haus in Greifenstein.

Sarah: Grenzenlos ist eine Gruppe von Freundinnen und Freunden für mich. Mir kommt vor, wenn ich jemandem von Grenzenlos von einem Problem erzähle, dann wird sich die- oder derjenige gleich etwas zur Lösung überlegen und möglichst viel dazu tun. Zum Beispiel habe ich meine Töchter seit acht Jahren nicht gesehen. Jetzt werde ich unterstützt, dass Shakul und Sherena mich besuchen können.

Mahmud: Genau. Grenzenlos hat etwas von einer Hilfsgemeinschaft in einer Gesellschaft, wo üblicherweise ein Nachbar vom anderen Nachbarn nichts weiß und nicht hinsieht. Wo Menschen distanziert voneinander leben. Grenzenlos Kochen bringt Leute zusammen, die sich gegenseitig helfen, so gut sie eben können – und das ganz persönlich. Es ist egal, von wo jemand kommt und welche Hautfarbe sie oder er hat. Mir scheint sogar, Leuten von woanders wird mehr geholfen als Leuten aus Österreich. Weil viele von den »Grenzenlosen« waren im Ausland, nicht als Touristen, sondern sie haben dort für längere Zeit gelebt. Dort haben sie gespürt, was Fremdsein bedeutet und wie viel Hilfe man in einem fremden Land braucht. Und daher sind sie Nachbarn, die nicht wegsehen.

Sarah: Ich habe schon oft bei den Kochabenden gekocht. Egal, was ich zubereite, alle essen es. Ich koste auch viele gute Sachen von anderen Menschen aus verschiedenen Ländern. Manches Mal hüten wir das Haus von jemandem und haben so ein bisschen »Urlaub« vom ÖJAB-Haus.

Mahmud: Ich mach' bei vielen Initiativen mit und darum kenne ich echt viele Leute hier. Ich war schon oft bei Grenzenlos Singen und bei Grenzenlos Fußball sowieso. Am Sommerfest bin ich immer dabei, die Spielabende habe ich besucht und sogar ein holländisches Spiel nachgebaut. Ich bin über den Ötscher gewandert und mit der Mariazeller Bahn gefahren. Das alles war mit Leuten von Grenzenlos. Auch bei vielen Problemen wurde uns schon mit Rat und Tat geholfen. So hat man uns auch zum Rechtsanwalt begleitet.

Sarah: Wir waren mit »Grenzenlosen« bei den Kinoabenden im Kulturcafe in St. Andrä-Wördern. Wir wurden nach Salzburg eingeladen, haben den Traunsee besucht und sind mit einer Gondel auf einen hohen Berg gefahren. Einmal waren wir in Gmünd. Ich habe fast kostenlos den Deutschkurs von Grenzenlos besucht. Meine Lehrerin Regina war sehr gut – und das ist der einzige Deutschkurs, den ich bisher bekommen habe.

Mahmud: Ich weiß, wenn es eng wird, gibt es hier Leute, die die Augen und Ohren nicht verschließen, sondern helfen, wo es geht.

Sarah: Durch Grenzenlos habe ich gute und liebe Freunde und Freundinnen, ja sogar Schwestern, gefunden, wie ich sie in Ghana nie gehabt habe. Das macht mich glücklich.

Stefan Novak & Beate Leyrer

Mangoldstrudel

Zutaten:
1 Pkg. Blätterteig
1 kg Mangold
4 Eier
2/4 l Sauerrahm
etwas Muskatnuss
Pfeffer, Salz

1 Packung Blätterteig auf dem Backblech aufbreiten und Ränder hochziehen. Ein Kilogramm Mangold waschen, Stiele und Blätter trennen. Stiele ca. zehn Minuten im Wasser kochen, dann Blätter dazugeben. Zwei Minuten später Wasser abgießen und Mangold auf dem Strudel ausbreiten. Eine Mischung aus vier Eiern, Pfeffer, Salz, 2/4 l Sauerrahm und Muskatnuss fein verrühren und über den Mangold gießen. Zur Zierde vielleicht noch ein paar Streifen Teig darüber legen, mit Eidotter bepinseln und dann ab ins Backrohr. Bei 180 °C 50 Minuten goldbraun backen.

Kartoffelgratinée

Zutaten (für 4 Personen):
1,5 kg Erdäpfel
1/4 l Schlagobers
1/8 l Milch oder 3/8 l Sojacreme
ein bisschen Muskatnuss
Salz und frisch gemahlener Pfeffer
200 g würziger Käse
etwas Fett für die Form

Ca. 1,5 Kilogramm Erdäpfel möglichst fein schneiden oder mit dem Gurkenhobel hobeln. In eine gefettete Form legen, zwischen den Lagen salzen und mit frisch gemahlenem Pfeffer würzen. Ein bisschen Muskat darüber reiben und mit 1/4 l Schlagobers und 1/8 l Milch oder 3/8 l Sojacreme übergießen. Darüber ca. 200 Gramm würzigen Käse reiben. Im Backrohr bei 180 °C ca. eine Stunde backen. Dazu einen Salat genießen.

Seit 2007 betreibt Stefan in St. Andrä-Wördern den Radl-Salon. Neben einem Fuhrpark aus verrückten Rädern gibt's auch immer wieder »Selbstreparietage«, an denen unter Anleitung gemeinsam Räder repariert werden. Neuerdings finden diese »SRTs« auch im AsylwerberInnenheim statt.
Und seit Sommer 2009 fahren 50 Fahrradanhänger in St. Andrä–Wördern herum. »Weil das, was andere mit dem Auto erledigen, können wir hier ja auch mit dem Rad. 25.000 Autokilometer werden so mit dem Fahrrad und Anhänger plus Lasten jährlich zurückgelegt. Und viele der RadlerInnen kommen aus dem Umfeld der Grenzenlos-Community. Was so eine Gemeinschaft neben gemeinsam kochen, spielen, lesen, singen noch alles kann! Wen wundert's?

Kurdistan / Österreich

NEVRIYE BITTNER

Ein praktisches Fingerfood, das in der Familie meines Mannes gebräuchlich ist.

Speckkipferln

Zutaten:
2 Pkg. Blätterteig
300 g Frühstücksspeck
(dünn geschnitten)
2 weiße Zwiebeln
1 Knoblauchzehe
1/2 Bund Petersilie
1/2 Becher Sauerrahm

Den Blätterteig mit dem Nudelholz auswalken und in 8 mal 8 Zentimeter große Quadrate teilen. Den Speck klein würfelig schneiden und in einer beschichteten Pfanne braten. Gegen Ende des Bratvorgangs die kleinwürfelig geschnittenen Zwiebeln und die Knoblauchzehe dazugeben und kurz anschwitzen lassen. Die etwas ausgekühlte Masse mit dem gerührten Sauerrahm und der gehackten Petersilie verfeinern. Keine Würzung mit Salz und Pfeffer nötig – der Speck ist salzig genug! Die Masse mit einem kleinen Löffel auf den Teigquadraten portionieren und den Teig nach Belieben zu Kipferln oder Tascherln formen. Eventuell noch mit Eidotter bestreichen und im vorgeheizten Backrohr 15 bis 20 Minuten backen.

Zu meiner Person: Ich bin kurdisch-armenischer Abstammung. Geboren und aufgewachsen bin ich auf einer Alm in Kurdistan (auf türkischem Staatsgebiet). Mit zwölf Jahren bin ich mit meinen Eltern nach Wien gezogen. Seit 2004 bin ich in Zeiselmauer ansässig. Ich bin verheiratet und habe einen Sohn.

Niederösterreich

SIBYLLE EXEL

Erdäpfelsuppe mit Maroni & Sellerie

Zwiebel klein schneiden, in Olivenöl anschwitzen, die klein geschnittenen Erdäpfel dazugeben und mit Weißwein ablöschen. Die Hitze reduzieren, mit Bouillon aufgießen, Obers hinzufügen und alles etwas einkochen. Sellerie klein schneiden. Maroni in kleine Stücke schneiden. Suppe mit Salz, Pfeffer und Muskatnuss abschmecken. Sellerie und Maroni dazugeben und auf kleiner Flamme noch ein paar Minuten lang kochen. Die Sellerie soll noch bissfest sein.

Zutaten (für 4 Personen):
1 Zwiebel
750 g Erdäpfel
1 l Bouillon
125 ml Schlagobers
etwas Weißwein
1–2 Handvoll Maroni (vorgekocht)
3–4 Stangen Sellerie
Olivenöl
Salz, Pfeffer und Muskatnuss

Österreich / Indien

HEIDE FOLLNER

Karottensuppe – indisch gewürzt

Zutaten:

500 g Karotten
1/2 l Gemüsebrühe
1 Dose Kokosmilch (Weltladen)
Sesamöl
1 Stück frische Ingwerwurzel (ca. 2 cm)
1/2 TL Kurkuma (für die schöne Farbe),
Kumin (Kreuzkümmel), Ajwar (wilder
Selleriesamen), Koriander gemahlen
Meersalz, Pfeffer, Zucker
Saft einer halben Zitrone

Ingwer klein würfeln, in heißem Sesamöl goldgelb anbraten; alle Gewürze dazugeben und mitrösten, bis sich ein würziger Duft entwickelt. Dann die geschälten, in Scheiben geschnittenen Karotten dazugeben und kräftig anbraten. Mit Salz, Pfeffer und einer ordentlichen Prise Zucker würzen, mit knapp einem halben Liter Gemüsebrühe aufgießen und weichkochen. Die Suppe pürieren, mit Zitronensaft abschmecken und die Kokosmilch unterrühren. Nochmals erhitzen.

Früher war meine Karottensuppe nicht so exotisch gewürzt. Eines Tages war ich in Wien am Fleischmarkt in einem kleinen Restaurant neben dem buddhistischen Zentrum und bestellte eine Karottensuppe mit Ingwer. Wunderbar hat sie geschmeckt und ich habe sie des öfteren dort genossen. Irgendwann habe ich versucht, die Suppe zuhause nachzukochen. Sie hat zwar nie so geschmeckt wie in dem kleinen Restaurant, aber sie ist mir doch ganz gut gelungen. Inzwischen habe ich sie schon viele Male zubereitet, aber jedes Mal schmeckt sie ein bisschen anders. An kalten Wintertagen ist sie ein Genuss. Nach dem Aufwärmen am nächsten Tag schmeckt sie noch eine Spur schärfer! Also immer gleich eine große Menge zubereiten, es lohnt sich!

Afghanistan 21

Abdul Rahman Kakar

Eier mit Zwiebel und Tomaten

Zwiebel schneiden und in viel Öl braun rösten. Kleingeschnittene Tomaten dazugeben und dünsten, bis eine Sauce entsteht. Mit Chili und Salz, eventuell Kräutern würzen. Das Ganze auf ein Backblech streichen. Die Eier darauf schlagen (wie Spiegelei) und im Ofen bei 180 °C braten.
Mit Fladenbrot servieren. Am besten schmeckt es, wenn du es – ohne Besteck – mit Hilfe des Brotes isst!

Dieses Frühstück habe ich jedes Wochenende für meine Familie gemacht.

Zutaten:
12 Eier
3 Zwiebeln
5 Tomaten
2–4 Chilischoten
Salz, Kräuter (je nach Lust)
Öl

*Ich wurde 1980 in Baghlan, Nordafghanistan, geboren. Ich bin EDV-Techniker und habe in Afghanistan für NGOs gearbeitet und einen Computershop gehabt. Im Jänner 2008 musste ich aus politischen Gründen das Land verlassen. So kam ich den weiten Weg nach Österreich – zu Fuß, mit Pick-up, Schiff und Lkw. Österreich ist meine neue Heimat! Auch hier koche ich gerne für meine Freunde afghanisch.
Kha ishteha!*

Österreich

KARIN EWERS, GERALD BAUMGARTNER, LAURA & TARA

Buchteln mit Pesto

Das ursprüngliche Rezept (Schinkenbuchteln) ist dem Grenzenlos-Kochen-Kalender 2007 entnommen und stammt von Norbert C. Payr (Gasthaus »Zum lustigen Bauern« in Zeiselmauer). Was ich daran so schätze ist, dass es leicht abzuwandeln ist, je nach Fülle des Kühlschranks und Wünschen der EsserInnen. Ich habe die Buchteln hier gemeinsam mit meinen Töchtern und nach ihren derzeitigen Vorlieben in einer vegetarischen und einer Variante mit Schinken zubereitet. Wenn die Sache mit dem Germteig »aufgeht«, ist es immer wieder faszinierend, wie die einzelnen Buchteln über den Rand der Form »wachsen« wie Blüten. Dieses Rezept ist sehr gut als Fingerfood für Feste oder als Torten-Alternative für »Salzige« geeignet. Buchtel-Füllungen habe ich mit Mozzarella und getrockneten Tomaten, diversem Grünzeug (Basilikum, Petersilie, Bärlauch, Veilchen, ...) oder Pesto und auch in Kombination mit Schafkäse und Parmesan probiert. Dazu passt Koch- oder Rohschinken (Parma, Serrano). Es empfiehlt sich, nie mehr als drei Zutaten miteinander zu kombinieren. Lieber verschiedene Varianten ausprobieren und durchkosten! Auf die Süß-Variationen wie etwa Bananen mit Nutella möchte ich hier nicht näher eingehen ... der Fantasie sind keine Grenzen gesetzt!

Österreich

Das Projekt Grenzenlos ist ein schöner Teil unserer mittlerweile zehnjährigen Geschichte hier in St. Andrä-Wördern. Wir schreiben immer noch daran!

Dampfl ansetzen: 2 EL Milch, Germ, etwas Zucker und Mehl miteinander verrühren und an einem warmen Ort gehen lassen. Aus dem Dampfl und den restlichen Zutaten den Teig zubereiten. Auf doppelte Größe aufgehen lassen und auf einer bemehlten Fläche zu einem Rechteck ausrollen. Mit Fülle belegen und zu einer Rolle drehen. Davon drei Zentimeter dicke Stücke abschneiden, einzeln in Butter eintunken und mit der Schnittfläche nach oben in eine Backform setzen, nochmals gehen lassen und bei 220 °C ca. 25 Minuten im Rohr backen.

Zutaten:

Grundrezept Germteig:
500 g Mehl
100 g flüssige Butter
40 g frischer Germ
Salz
1/4 l Milch
1 Ei, 3 Dotter

Füllungen:
frische Kräuter, gekochter Schinken und Mozzarella
oder Rohschinken, Parmesan und getrocknete Tomaten
oder Pesto, Bärlauch, Schafkäse und geröstete Kürbiskerne
oder Nutella mit Banane

Grenzenlos Deutsch

»Was macht ihr eigentlich mit euren Einnahmen?«

Diese Frage wird bei Kochabenden oder bei Grenzenlos-Sommerfesten immer wieder gestellt. Wir stellten sie uns erstmals nach dem unverhofft guten Verkauf der ersten Auflage von »Grenzenlos Kochen« Band 1. Die Antwort war schnell gefunden und für manche schon vor der Frage dagewesen: »Wir organisieren einen Deutschkurs.«

Seit 2005 findet dieser im Gemeindeamt St. Andrä-Wördern einmal wöchentlich statt. Der Kurs wird vom Verein Grenzenlos organisiert und in Kooperation mit der Gemeinde finanziell unterstützt. 2006 wurde der Deutschkurs mit dem Rosa Mayreder-Preis ausgezeichnet. Diese Auszeichnung vergeben die Grünen Niederösterreichs an Projekte und Institutionen, die sich besonders für die Rechte und Förderung von Frauen einsetzen.

Die Grundidee war, mit dem Deutschkurs ein regionales, niederschwelliges und für alle erreichbares Angebot an einem zentral gelegenen Platz in der Gemeinde zu schaffen. Durch die Kurszeiten am Vormittag und die Möglichkeit zur Mitnahme von Kleinkindern sollten vor allem Frauen angesprochen werden. Mit Hilfe der Förderungen konnte eine professionelle Trainerin engagiert, gleichzeitig aber der Kostenbeitrag für TeilnehmerInnen gering gehalten werden.

Regina Blondiau-Köllner hat den Kurs von 2005 bis 2009 sehr engagiert und teilweise mit Unterstützung von Freiwilligen geleitet. Seit 2010 wird der Kurs von Gabriele Wessely-Golda durchgeführt.

Insgesamt besuchten in den letzten fünf Jahren etwa 50 Personen den Deutschkurs, der sich mittlerweile in der Gemeinde institutionalisiert hat und seit Bestehen der Volkshochschule in Kooperation mit dieser durchgeführt wird.
Der Verein Grenzenlos möchte allen Unterstützern und Unterstützerinnen des Deutschkurses herzlich für ihr Engagement während der letzten Jahre danken!

Karin Ewers
ist unsere Ansprechpartnerin für den Deutschkurs

Grenzenlose Vielfalt

Zehn Menschen aus neun verschiedenen Nationen und ÜBER 14 SPRACHEN – diese bunte Zusammensetzung war eine große Herausforderung für mich, als ich im Februar 2010 den Deutschkurs übernahm. **Wörterbuch, Gestik und Mimik** halfen uns, den richtigen Ausdruck in der deutschen Sprache zu finden. Vielfältigkeit auch in den **Lebensweisen und religiösen Bräuchen** wurden von den TeilnehmerInnen aufgezeigt und mit jenen in Österreich verglichen. Bei den verschiedensten Wortspielen haben alle großen Einsatz gezeigt und der Fortschritt in der »Fremdsprache Deutsch« wurde von Mal zu Mal größer. Ihre künstlerischen Fertigkeiten konnten die TeilnehmerInnen bei den Themen Geografie und Wohnen zeigen, und alle haben erstaunliche Talente dabei entwickelt. Und damit **das Lachen nicht zu kurz kam**, war auch das schauspielerische Können bei den verschiedensten Rollenspielen gefragt. Durch positive Wertschätzung jeder und jedes Einzelnen sind wir unserem Ziel entscheidend näher gekommen: VERSTEHEN UND VERSTÄNDNIS für Deutsch, **Sprachbarrieren überwinden** und in der Gemeinschaft miteinander arbeiten.

GABRIELE WESSELY-GOLDA

Grenzenlos Deutsch – Gelebte Integration

Ein Ziel von Grenzenlos Deutsch ist die soziale Integration aller TeilnehmerInnen vor allem durch Ermöglichung der Teilnahme am Deutschkurs. Das Gemeindeamt ist ein »unverdächtiger« Ort für TeilnehmerInnen, die aus kulturellen und religiösen Hintergründen sonst keinen Zugang gefunden hätten. Ziel der Jahreskurse ist es, die TeilnehmerInnen sprachlich und kulturell auf Alltagssituationen vorzubereiten, die bisher aufgrund von Sprachbarrieren alles andere als selbstverständlich gewesen waren. Auch zum Knüpfen von Kontakten untereinander gab es viele Gelegenheiten. Unterschiedliche Bräuche konnten mit hiesigen verglichen und über **mitgebrachte kulinarische Köstlichkeiten Interesse und Begeisterung am Neuen geweckt** werden. Ziel des Kurses ist auch, die Gewohnheiten und Lebensumstände in Österreich besser kennenzulernen und zu verstehen. Alle KursteilnehmerInnen haben Fotos von ihrem Heimatland und ihren Familien mitgebracht. Die Diskussionen waren interessant und haben Einblick in die persönliche Geschichte gegeben. Das Angebot, **Kleinkinder mitzubringen,** bot vielen **Müttern** erst die Voraussetzung dafür, **einen Kurs außer Haus besuchen** zu können. Die Gruppe machte **Ausflüge** nach Schönbrunn und in die Umgebung. Trotz der unterschiedlichen Religionen hat die Gruppe jedes Jahr Weihnachten zusammen gefeiert. Staatsfeiertag oder religiöse Feste wurden im Kurs besprochen und viel **Verständnis für die unterschiedlichen Kulturen** geweckt. Es entwickelte sich ein Gefühl von Gemeinsamkeit, Integration und gegenseitigem Respekt. Nachdem einige KursteilnehmerInnen ihren Bedarf geäußert hatten, wurden etwa **35 Säcke Kleidung** und Sachspenden wie Geschirr, Decken, Möbel und vieles mehr gesammelt und verteilt. Weiters wurde beim Ausfüllen von Formularen für Ämter geholfen, amtliche Schriftstücke wurden für die TeilnehmerInnen durchgeschaut, **Kinderfeste** mitorganisiert und **Arztbesuche und Behördenwege** sprachlich vorbereitet. **Alphabetisierung:** Grenzenlos Deutsch als letzte Hoffnung **Renate Heidenreich-Sorger** unterstützte den Alphabetisierungsprozess von zwei Teilnehmerinnen. In individuellen Einheiten erarbeitete sie grundlegende Begriffe des Lesens und Schreibens. Durchgeführt wurden Übungen zur optischen und haptischen Wahrnehmung sowie Übungen zur auditiven Wahrnehmungsdifferenzierung. Es erwies sich als hilfreich, dafür **Wörter aus der Muttersprache** der Frauen zu verwenden, zu denen sie einen **emotionalen Bezug** herstellen konnten. Bücher in den jeweiligen Sprachen wurden besorgt, um den Alphabetisierungsprozess zu unterstützen. Ebenso kamen regelmäßig Familienangehörige der beiden Frauen mit, um das Lernen durch Übersetzen zu erleichtern. **Schreiben und Lesen im Erwachsenenalter** zu erlernen, ist ein **langer und teilweise schwieriger Weg**, den wir – die Lesen und Schreiben bereits im Kindesalter erlernt haben – uns gar nicht vorstellen können.

Regina Blondiau-Köllner

Sprache verbindet

Jeder von uns hat Familie, Verwandte, Freunde und Bekannte. Mit vielen ist man in engem, vertrautem Kontakt, mit einigen in loser und zufälliger Verbindung. Wichtig dabei ist, dass man sich sieht, trifft, Erfahrungen austauscht oder Feste miteinander feiert! Dazu gehört eine gemeinsame Sprache, um einander verstehen zu können, Freuden, Sorgen und Nöte zu erfahren und wenn nötig auch unterstützen zu können und im Bedarfsfall ein Brückenbauer zu sein!

Diese Funktion war auch im Deutschkurs für ausländische Mitbewohner und Mitbewohnerinnen ein wesentlicher Aspekt.

Ich konnte beobachten, wie sich die Leute zusehends besser miteinander verständigen konnten, wie sie über ihre persönlichen Freuden, ihre Fähigkeiten erzählen konnten, auf die Kultur ihres Landes stolz waren, aber auch, wo die Barrieren lagen. So ergab sich, dass Regina Blondiau-Köllner als Deutschkursleiterin und ich als Stützkraft einige Anliegen der KursteilnehmerInnen erfüllen konnten, zum Beispiel Vermittlung von Kontaktadressen zu Behörden oder Tauschbörsen, Infos über ortsübliche Veranstaltungen, Ausflüge und Gelegenheitsjobs oder sogar gegenseitige Einladungen.

Als Lernerfahrung für mich musste ich feststellen, dass die deutsche Sprache wirklich ihre Tücken hat und zum Beispiel die Artikel »der – die – das« reine Willkürakte sind und die Regeln der Grammatik aus ständigen Ausnahmen bestehen!

Meine Hochachtung für alle DeutschlehrerInnen und DeutschschülerInnen, die das alles wissen und erlernen! Ich bin froh, dass ich mit dieser Muttersprache aufgewachsen bin und sie nicht erst als »Ausländerin« erlernen muss.

In diesem Sinne gratuliere ich dem Verein Grenzenlos für sein Engagement zur Integration von ausländischen Mitbewohnerinnen und Mitbewohnern, zur Bewusstseinsbildung innerhalb der Großgemeinde St. Andrä-Wördern für Probleme außerhalb des Tellerrandes in Richtung Mitmenschlichkeit, Fairem Handel, Umweltbewusstsein und eine gemeinsame Ebene, nämlich die deutsche Sprache.

Ein besonderes Dankeschön gilt auch der Gemeinde, die den Kurs fördert und ermöglicht.

Es grüßt euch eine heimat- und ortsverbundene sowie weltoffene Mitbürgerin.

IDA KUDERER

Österreich / England

BARBARA & MARIE SCHNEIDER-RESL

Baiser mit Birnen & Brimborium (frei variiert nach Jamie Oliver)

Zutaten (für 6–8 Personen):
4 große Freilandeier (nur Eiweiß)
200 g feiner Zucker (Backzucker)
1 Prise Salz
100 g Haselnüsse oder Mandeln
2 Dosen Birnenkompott
evtl. kandierter Ingwer, fein geschnitten
200 g dunkle Schokolade (mindestens 70% Kakaoanteil)
400 g Schlagobers
50 g Staubzucker
Mark von 1 Vanilleschote

Ich liebe Desserts – und offensichtlich nicht nur ich. Da hab ich immer schnell die ganze Kinderschar in der Küche versammelt... zum »Helfen« – eh klar!

Backrohr auf 120 °C vorheizen. Eiweiß mit dem Mixer auf mittlerer Stufe zu Schnee schlagen, bis Spitzen stehen bleiben. Bei laufendem Mixer nach und nach den Zucker und die Prise Salz einstreuen. Auf höchster Stufe weiterschlagen, bis die Masse seidig glänzt. Das Backpapier an allen vier Ecken mit einem Tupfer Baisermasse auf das Blech »kleben«, dann die Baisermasse mit einem Löffel oval darauf streichen. Im Ofen ca. eine Stunde nicht zu dunkel backen.

Die Birnen abgießen und den Saft in einer Tasse auffangen. Die Fruchthälften in je drei Spalten schneiden. Den Saft nach Belieben mit dem Ingwer in einem Topf bei mittlerer Hitze zum Sieden bringen. Vom Herd nehmen, die Schokolade in Stückchen hineingeben und rühren, bis sie geschmolzen ist. Haselnüsse oder Mandeln hacken und in einer Pfanne ohne Fett kurz anrösten, danach abkühlen lassen. Schlagobers mit Staubzucker und Vanillemark schlagen. Das Baiser aus dem Ofen nehmen und auf einem großen Holzbrett oder einer Platte anrichten. Mit der Hälfte der Nüsse bestreuen. Schlagobers in großen Klecksen darüber löffeln, die Birnen darauf verteilen und mit Schokosauce beträufeln, danach mit den restlichen Nüssen bestreuen und sofort servieren.

Obstspieße im Schokomantel

Das Obst in mundgerechte Stücke schneiden und auf die Spieße stecken (nur eine Sorte oder gemischt, wie man will). Es sollte an einem Ende genug Platz sein, um den Spieß noch gut halten zu können. Die Kuvertüre nach Packungsanweisung erhitzen oder Schokolade (am besten gerieben oder klein gehackt) im Wasserbad schmelzen (wenn sie zu dick ist, kann man etwas Kokosfett dazugeben – aber keinesfalls Wasser, sonst klumpt sie!).
Die Fruchtspieße in die Schokolade tunken oder mit einem Löffel mit Schokolade übergießen, danach auf ein mit Pergamentpapier belegtes Blech legen und erkalten lassen.

Zutaten:

verschiedenes Obst: Bananen, Erdbeeren, Äpfel, Ananas, Birnen
Kuvertüre, Kochschokolade oder andere Schokolade (hell & dunkel macht Spaß)
Schaschlikspieße

Anna liebt Schoki – und Obst, vor allem wenn es sich unter der Schoki versteckt ...

Türkei

Demet & Michael Holly

Kekstorte

Zutaten:
1 Pkg. Pudding
500 ml Milch
2 Pkg. Butterkekse
gemahlene Walnüsse
Kokosraspeln

Pudding zubereiten. Auf einen breiten Teller eine dünne Schicht Pudding geben und darauf dicht aneinander eine Reihe Kekse legen. Auf die erste Reihe noch eine dünne Schicht Pudding und darauf noch mal Kekse legen und noch mal mit Pudding übergießen. Pudding- und Keksschichten wiederholen, bis alle Kekse aufgebraucht sind. Die gemahlenen Nüsse auf die letzte Puddingschicht streuen. Mit dem übrigen Pudding die ganze Torte übergießen und Kokosraspeln darauf streuen. Die Torte eine Stunde bei Zimmertemperatur auskühlen lassen und dann eine Stunde in den Kühlschrank stellen.
Afiyet Olsun!

Tipp: Anstatt der Nüsse kann man auch frisches Obst verwenden.

Diese Kekstorte ist für all jene, die gerne etwas Süßes zubereiten wollen, aber im Tortebacken nicht das große Talent haben oder einfach schnell etwas zubereiten wollen. Sie wird in der Türkei bei Kinderfesten gerne als Ergänzung zur gebackenen Torte serviert. Mit buntem Streusel oder Schokoblättchen oben drauf sieht die Kekstorte gleich sehr professionell aus.

Österreich / Italien

Eva Schiesselberger

Parmigiana di Melanzane Melanzaniauflauf

Melanzani in Scheiben schneiden, einsalzen und ca. eine halbe Stunde »weinen« lassen, dann Flüssigkeit abtupfen. Scheiben in Olivenöl beidseitig anbraten.

Tomaten in Stücke schneiden und andünsten, etwas salzen und pfeffern. Zum Schluss kleingehacktes Basilikum daruntermischen. Wer es gerne etwas schärfer mag, kann auch Chili kleingehackt dazugeben.

In eine Auflaufform zuerst eine Lage Melanzani schlichten, darauf eine dünne Schicht Parmesan und darauf Tomatensauce geben. Weitere Schichten legen, bis die Zutaten aufgebraucht sind. Auf die letzte Lage Melanzani kommt eine etwas dickere Schicht Parmesan.

Im vorgeheizten Backrohr bei ca. 140 °C ca. 40 Minuten backen. Mit Pizzastangerln und Knoblauch oder Pasta servieren.

Zutaten:

1 kg Melanzani
600 g Tomaten
200 g geriebener Parmesan
kleiner Bund Basilikum
Salz, Pfeffer
bei Bedarf Chili
Olivenöl

Rob Macculloch

Cranachan

In this small taste of the Highlands of Scotland you will need:
1 Pint double cream, 3 tablespoons clear honey (heather honey is best), 3 tablespoons whisky, 4 tablespoons thick plain yoghurt, 1 oz. fine oatmeal, 6 oz. of raspberries (Serves 6)

Toast the oatmeal in a pan until golden. Set aside to cool. Put the cream, honey and whisky in a bowl and whip together until it forms peaks. Fold in the yoghurt. Spoon the mixture into a serving dish and chill in the fridge for two to three hours. Before serving, sprinkle the oatmeal over the mixture and pile the raspberries in the centre.

Freie Übersetzung von Eva:

Zutaten (für 6 Personen):
600 ml Schlagobers
3 EL Honig (schottischer Heidehonig ist am besten geeignet)
3 EL Whisky
4 EL Joghurt
30 g feine Haferflocken
180 g Himbeeren

Die Haferflocken in einer Pfanne goldbraun rösten. Auskühlen lassen. Schlagobers, Honig und Whisky in einer Schüssel schaumig rühren. Das Joghurt unterheben. In Gläser füllen und zwei bis drei Stunden in den Kühlschrank stellen. Vor dem Servieren mit den Haferflocken bestreuen und mit den Himbeeren belegen.

Rob und Eva haben sich vor einigen Jahren in Rio de Janeiro kennengelernt und leben nun mit ihrer Tochter Hannah in St. Andrä-Wördern. Hannah liebt Himbeeren, aber Melanzani kann sie nicht ausstehen.

SANDRA POLKORAB

Sachertorte laut Papa

Die Sachertorte war für meine Familie immer schon eine eigene Wissenschaft!
Meine geliebte Oma war, als ich zu Haus in Wien-Hernals gewohnt hab´, »unsere Köchin«! Typisch wienerisch (sie hat auch manchmal während des Kochens Wiener Lieder gesungen) und täglich frisch hat sie für unsere Familie gekocht, gebacken und die Küche »verwaltet«, und das bis fast zu ihrem 80. Lebensjahr!
Mein Papa trat bald nachdem er in Pension gegangen war in ihre Fußstapfen. Er begann – mit viel Liebe zum Detail – Marmeladen, Säfte und eben »seine« Sachertorte zu machen. Und zwar für fast jeden aus dem Familien- und Freundeskreis zu den verschiedensten Anlässen! Das ist auch heute noch so! Mittlerweile macht er auch noch alle möglichen anderen Torten und Kuchen oder Hauptspeisen für uns und zwar auch auf Vorbestellung! Wann immer meine Schwester oder ich keine Zeit zum Kochen haben – ein Anruf bei Papa genügt und schon gibt's spätestens am nächsten Tag eine frische Hühnersuppe oder sogar eine Sachertorte.

Zutaten:
(Basics vom Sacherkochbuch; für eine Tortenform mit 25,5 cm Durchmesser)
173 g Butter
174 g Staubzucker
8 Eier trennen
2 Pkg. Vanillezucker
147 g Kristallzucker
220 g Mehl (griffig)
200 g Kochschokolade
Marillenmarmelade zum Füllen und bestreichen

Butter und Vanillezucker schaumig rühren, mit Staubzucker weiter schaumig rühren. Nach und nach Dotter dazu geben – am besten mit dem Schneebesen. Danach kommt die vorgewärmte (lippenwarme!) Schokolade dazu! Mit Kristallzucker steif geschlagenes Eiklar mit dem Schneebesen einrühren.
Zum Schluss das Mehl hinzufügen – ebenfalls mit Schneebesen ...
Form mit Backpapier (ohne Ring auf Tortenboden) belegen, dann zumachen. Bei 170 °C Umluft die ersten 12 bis 15 Minuten bei einem Spalt offenen Backrohr, danach bei geschlossenem Rohr noch eine Stunde fertig backen.
Fertige Torte mit Backpapier auf ein Gitter stürzen, nach 20 Minuten Form weggeben, durchschneiden und mit Marillenmarmelade füllen, wieder zumachen und auch oben mit Marmelade bestreichen. Zuletzt Schokoglasur anbringen!

Variante Schokoglasur

1/8 Liter Wasser und 200 Gramm Kristallzucker unter ständigem Rühren fünf Minuten scharf aufkochen, dann auf die Hälfte abkühlen, sodass beim Hochziehen ein hauchdünner Faden entsteht.

200 Gramm Kochschokolade im Backrohr erweichen, ebenfalls »überkühlen«.

Wasser-Zuckergemisch vorsichtig zur Schokolade rühren, sodass keine Blasen entstehen.

Falls die Glasur zu fest wird, nochmals Wasser im Zuckerreindl aufkochen und dazu geben.

Gutes Gelingen!

Ganz einfach: Bei Grenzenlos Literatur tauschen sich die TeilnehmerInnen über gute Bücher aus. Das Interesse an den periodischen Gesprächsrunden ist über die Jahre nicht erlahmt, im Gegenteil. Der Ehrgeiz breitete sich aus, das eine oder andere vorgestellte Buch auch selbst zu lesen. Die thematische Palette der bislang besprochenen Bücher ist sehr breit. Sie reicht von Fachliteratur, Fotobänden, Reiseliteratur, Belletristik, Krimis, Lyrik bis zum weiten Land der Weltliteratur.

Bildbände zu den eigenwilligen Arbeiten des Landschaftskünstlers Andy Goldsworthy wurden nicht nur durchgeblättert, sondern riefen Erstaunen und Diskussion hervor. Ein anderes Mal wurde gar heftig über Vaclav Klaus stures Negieren des Klimawandels diskutiert – ich gebe es zu, das ist meine Sicht der Klaus'schen Absicht – und auch die vorgestellten Bücher zur Epigenetik fanden nicht uneingeschränkte Anhängerschaft. Handke hat seine Fans, ebenso wie Bohumil Hrabal, Paul Auster, Adalbert Stifter, Adolf Holl, Hans Küng, Orhan Pamuk, Kurt Palm um nur wenige zu nennen. Grenzenlos Literatur ist Horizonterweiterung, ist ein Beitrag zur Ent-schleunigung. Davon haben alle etwas. Wenn das subversiv ist, darfs ruhig noch mehr davon sein. Trifft man/frau sich zu Grenzenlos Literatur, so sind die Türen zu Fisers Keller stets für alle Besucher offen.

Franz Meister

Inge und Ilja Fiser

Österreich

PAUL DANIEL

Kürbisstrudel mit falschem Blätterteig

Zutaten:

250 g Topfen
200 g Butter
300 g Mehl
Salz, Speck
Gemüse (Kürbis, Kartoffel, Zwiebel ...)
Sauerrahm
2 Eier
Kräuter nach Geschmack

Topfen, Butter, Mehl und Salz gut verkneten und im Kühlschrank rasten lassen. Danach mehrmals auswalken, wie ein Buch falten und wieder auswalken. Für die Fülle das Gemüse dünsten. Sauerrahm und zwei Eier dazu mischen und die Fülle auf dem ausgewalkten Teig verteilen. Zusammenrollen und bei 200 °C 40 Minuten lang backen.

Wir, Linde und Paul, sind im Dezember 2006 aus Wien nach St. Andrä-Wördern gezogen – nachdem wir zuvor einige Zeit mit der Suche nach einem Wohnort verbracht haben, der unseren Bedürfnissen entspricht. Was wir keinesfalls wollten: Uns in einer »Schlafstadt« ansiedeln, wo die Leute einander nicht kennen, und wo um 19 Uhr »der Gehsteig hochgerollt wird«. Als wir die Aktivitäten von sowie rund um Grenzenlos Kochen kennen lernten, war die Wahl des Ortes für uns kein Thema mehr. Denn nicht nur beim Kochen, sondern in sämtlichen Bereichen unseres Alltags schätzen wir Vielfalt, Kreativität, Solidarität, Nachhaltigkeit, ökologisches Denken und überraschende Anregungen aus verschiedensten Kulturen. Das scheint uns bei Grenzenlos Kochen verwirklicht zu sein. Wir freuen uns, dass diese Initiative als Sammelbecken von Ideen fungiert, die wir teilen können.

Österreich / Russland

Linde Daniel

Piroggen (gefüllte Germtascherln)

Alle Zutaten mischen und eine Stunde lang rasten lassen. In dieser Zeit die Füllung vorbereiten, je nach Lust und Laune, einfach alles, was dir einfällt und schmeckt, zum Beispiel: Kräutertopfen – Sauerkraut pikant abgeschmeckt (fünf Minuten lang gedünstet) – Spinat – Lauch mit Schlagobers – pikantes Risotto – Käse …
Die Piroggen bei 200 °C ca. 20 bis 35 Minuten lang backen.

Zutaten:

500 g Weizen oder Dinkelmehl
180 g lauwarme Milch oder Wasser
25 g Germ
2 Eier
150 g Butter oder Margarine
1 gestrichener TL Salz
1 TL gemahlener Kümmel

Zum Bestreichen:
1 Eigelb & 1 EL Wasser

Zum Bestreuen: Kümmel oder Sesam

Fülle nach Bedarf

ANNA PRIAICHNIKOVA

Domlyama

Zutaten:

1 kg Lamm- oder Rindfleisch
200 g Fett (vom Lamm oder Rind)
2 mittelgroße Zwiebeln
6 mittelgroße Kartoffeln
2 Paprika
1 Melanzani
3 mittelgroße Karotten
4 mittelgroße Tomaten
1/2 Krautkopf
Salz, schwarzer Pfeffer, Kreuzkümmel

Fleisch, Fett, Kartoffeln, Karotten, Paprika und Melanzani in drei Zentimeter große Stücke schneiden. Zwiebel halbieren und dünn schneiden. Kraut in Blätter zerlegen. Den ganzen Boden des Kochtopfs mit Fett bedecken, dann Fleisch darauf, mit allen Gewürzen bestreuen. Danach Zwiebeln, Tomaten, Karotten, Paprika, Kartoffeln, Melanzani aufeinander schichten und zwischendurch mit Gewürzen bestreuen. Krautblätter obenauf legen und auf kleinem Feuer ca. eine Stunde kochen lassen.

Russische Pelmeni (Teigtäschchen)

Zutaten:

Teig:
1 Ei
700 g glattes Mehl
Salz
250 g Wasser

Fülle:
1 kg Faschiertes (Rind- und Schweinefleisch gemischt oder Rindfleisch pur)
200 g Zwiebel
Salz, Pfeffer

Das Ei mit etwas Wasser und Salz mischen, Mehl dazugeben, sodass der Teig schwer zu kneten ist. Den Teig ca. zehn Minuten lang kneten und eine halbe Stunde in einer Frischhaltefolie ruhen lassen.
Zwiebel schälen, durch den Fleischwolf oder mit der Küchenreibe zu Mus machen. Mit dem Faschierten mischen und mit Salz und Pfeffer abschmecken. Teig auf ca. zwei Millimeter Dicke auswalken und kleine Kreise ausschneiden. Fleisch auf den Teigkreisen verteilen. Den Kreis zu einem Halbkreis zusammenfalten und die Ränder mit den Fingern zusammendrücken, sodass eine Tasche entsteht. Die beiden Enden zu einer Ravioliform zusammendrücken. Ein Brett mit Mehl bestreuen und die rohen Pelmeni darauf geben. Einen großen Topf Wasser zum Kochen bringen, Pelmeni hinein geben und acht bis zehn Minuten kochen. Ungekochte Pelmeni kann man im Gefrierfach (oder in Sibirien auch am Balkon) aufbewahren.

Ich bin als Russin in Usbekistan aufgewachsen. Dadurch verbinden wir die russische Küche aus dem Norden mit der usbekischen südlichen Küche.
Domlyama ist ein typisches Gericht des Südens – am besten wird es, wenn das Gemüse reif und aromatisch ist. Mein zweites Rezept, Pelmeni, ist typisch für Sibirien. Meine sibirischen Freunde machen oft gemeinsam Tausende Pelmeni am Anfang des Winters und lagern sie dann monatelang im Frost am Balkon.

Grenzenlos Werkstatt

Eine Idee, die sich langsam entwickelt. Am Anfang standen die Schürzen, genäht von Nada Karimy. Bedruckt mit dem Grenzenlos-Logo und bemalt mit verschiedenen Motiven, wurde aus jeder Schürze ein Einzelstück. Ein Projekt der Werkstatt waren die Geschirrtücher, die als Fahnen bemalt wurden. Für das Sommerfest 2010 habe ich Liegestühle restauriert und mit bemalten und bedruckten Stoffbahnen bespannt. Erst als Idee existieren Hängematten, wahrscheinlich für das Sommerfest 2011.

Mein angestrebtes Ziel ist – ohne Erfolgsdruck – gemeinsam mit Leuten, die sich für das Arbeiten mit Textilien interessieren, schöne Dinge herzustellen, die entweder für sie selbst oder für den Verkauf bestimmt sind. Ich möchte eine faire Entlohnung der Arbeit, das Handwerk fördern und eventuell Verkaufsausstellungen ausrichten.

Die Zukunft des Projekts ist grenzenlos nach vielen Richtungen offen.

VERONIKA GRUBER

Österreich / Afrika 49

VERONIKA GRUBER

Couscous ist eine Schöpfung der Berber, eines Nomadenvolkes, die Grieß oder Mehl mit Wasser zu Kügelchen rollen und danach trocknen lassen. Das Grundnahrungsmittel wird im Norden aus Hartweizen, im Süden aus Hirse hergestellt. Das Rezept stammt aus dem Kochbuch »Afrika. Fair gekocht und heiß gegessen«.

Süßer Couscous mit Zwetschkenkompott

Couscous auf die Arbeitsfläche streuen, mit kaltem Wasser besprühen und in das Getreide einmassieren bis es keine Flüssigkeit mehr aufnimmt. Das dauert etwa acht Minuten. Das Öl nach und nach darüber träufeln, mit dem Salz in das Getreide einreiben; so kann ein Zusammenkleben verhindert werden. Den Couscous mit der Zimtstange in ein Tuch füllen und über Dampf zehn Minuten garen. Zimtstange entfernen. Couscous in eine Schüssel geben, mit Rosenwasser, Sultaninen, Marillen und Granatapfelkernen mischen.

Für das Kompott Rotwein, Gewürze, Orangenschalen und Zucker aufkochen. Zwetschken zugeben und bei schwacher Hitze weich garen, aber nicht zerfallen lassen. Die Zwetschken vorsichtig aus dem Fond nehmen. Den Fond zur Hälfte einreduzieren. Die Zwetschken wieder zufügen.

Couscous-Zutaten:

100 g Couscous
kaltes Wasser
1 EL Mandel- oder Nussöl
1/2 TL Meersalz
1 Zimtstange
2 EL Rosenwasser
2 EL Sultaninen
8 Marillenhälften, klein geschnitten
1 Granatapfel, Kerne

Kompott-Zutaten:

10 ml kräftiger Rotwein
1/2 Zimtstange, 1 Gewürznelke
6 zerdrückte Kardamomsamen
1/2 unbeh. Orange, abgeriebene Schale
4 EL Vollrohrzucker
250 g Zwetschken, entsteint, halbiert

MARIANNE PREBIO

Palak Paneer (Spinat mit indischem Käse)

Zutaten für Paneer:

2 l Milch
6 EL Zitronensaft oder milder Weinessig

Zutaten für Palak Paneer:

4 EL Pflanzenöl
1 große Zwiebel, fein geschnitten
1 Knoblauchzehe, zerdrückt
Salz
1 cm Ingwerwurzel, gerieben
1 TL Kreuzkümmel
1 TL gemahlener Koriander
3–4 Tomaten, fein gehackt
1/2 TL Chilipulver
1/2 TL Kurkuma
Gemüsesuppenwürfel
350 g Spinat, fein gehackt
2–3 Curryblätter
50 ml Kokosmilch
1/2 TL Garam Masala
Paneer (nach dem Grundrezept zubereitet)

Marinade für Paneerwürfel:

Kurkuma
Knoblauch
Salz und Öl

Die Milch bei großer Hitze zum Kochen bringen. Den Topf vom Herd nehmen. Zitronensaft oder Essig langsam einrühren. Ist die Milch geronnen, den Inhalt in ein mit Haushaltstüchern ausgelegtes Sieb gießen. Über einer Schüssel abtropfen lassen. Die Enden des Tuchs zusammennehmen und möglichst viel Flüssigkeit auspressen. Das Tuch zubinden, aus dem Sieb heben, auf einen flachen Teller legen und mit einem mit Wasser gefüllten Topf beschweren. Nach zwei Stunden den Topf entfernen, den Paneer aus dem Tuch nehmen und in zwei Zentimeter große Würfel schneiden.

Paneer nimmt in der nordindischen Küche etwa den Stellenwert von Tofu ein. Er kann im Kühlschrank zwei bis drei Tage frisch gehalten werden, indem man ihn mit Wasser bedeckt, welches im Zwölf-Stunden-Rhythmus erneuert wird.

Die Paneerwürfel in einer Mischung aus Kurkuma, Knoblauch, Salz und Öl marinieren. Danach in heißem Öl bräunen und beiseite stellen. Zwiebel, Knoblauch, Ingwer, Koriander und Kreuzkümmel gülden bräunen, Tomaten hinzufügen, umrühren und zugedeckt fünf Minuten lang kochen lassen. Mit Chili, Kurkuma und Suppenwürfel würzen. Spinat, Curryblätter und Kokosmilch zufügen und zugedeckt bei niedriger Hitze zehn bis 15 Minuten lang garen. Dann die gebratenen Paneerwürfel dazu geben. Vorsichtig rühren – damit die Stückchen ganz bleiben – und köcheln lassen, bis die Flüssigkeit eingekocht ist. Zuletzt nach Geschmack Garam Masala unterrühren, mit Tomaten, Ingwer oder geriebenem Paneer garnieren und heiß servieren.

Österreich / Indien

v.l.n.r: Marianne Prebio, Veronika Gruber

Dieses Gericht ist meine absolute Leibspeise, wenn es darum geht, mir in Indien ein Thali auszuwählen. Thali (Hindi: थाली, thālī) bedeutet übrigens »Platte« und ist eine Zusammenstellung verschiedener Gerichte, welche in Südindien auch oft auf einem Bananenblatt serviert werden. Neben Reis gehören Dal, Chapaties, Curries, Curd, Chutney sowie Pickles zu den Hauptbestandteilen eines Thali. Namaste!

Zu Gast bei Grenzenlos

Herzlich willkommen!
Wir freuen uns über alle, die unsere Projekte besuchen und vielleicht auch eine solche Initiative starten möchten. Und die Idee von Grenzenlos in die Weite Welt der anderen Gemeinden hinaustragen und sich somit aktiv mit dem Thema Integration auseinandersetzen.

Der Verein Aktiver Umweltschützer (VAU) aus Himberg brach am 25. Juli auf nach St. Andrä-Wördern – zum Festival der 71 Nationen in Greifenstein / Donau. Anfängliche Berührungsängste konnten schnell abgelegt werden, denn der Empfang durch die Gastgeber war sehr herzlich, schildern Robert Schwind und Michaela Waldek vom VAU.
Auszug aus Nön

Beim Besuch in St. Andrä-Wördern gibt es die Möglichkeit, mit Initiatoren und Trägern des Vereins zu sprechen, Tipps einzuholen und gemeinsam gekocht wird ebenfalls. [...] Das Leben in der Gemeinde wird maßgeblich vom Verein »Grenzenlos« mitgestaltet.
Auszug aus den Salzburger Nachrichten
»Excursion Grenzenlos«

Wien / Orient

FRANZ MEISTER

Franz Meister & Alper Cek

Topfenstrudel

Strudelteig: Aus allen Zutaten auf einem bemehlten Brett einen halbweichen Teig machen. Wenn sich der Teig von den Händen und dem Brett löst und glatt geworden ist, auf ein bemehltes Brett geben und die Oberfläche mit Öl bestreichen. 30 Minuten rasten lassen. Dann den Teig auf einem bemehlten Strudeltuch zu einem rechteckigen Fleck ausrollen und nach allen Seiten mit der Hand so dünn wie möglich ausziehen.

Fülle: Die weiche Butter mit Kristallzucker und den Geschmacksstoffen (Zitrone, Vanillezucker, Salz) schaumig rühren. Topfen, Dotter, Rahm und Mehl (gesiebt) einrühren. Eiklar mit dem Staubzucker zu Schnee verarbeiten und sanft in den Teig einrühren.

Den ausgebreiteten Teig (mit der angegeben Menge an Fülle gehen sich locker 2 Strudel aus) mit der Fülle bestreichen und einrollen. Den Strudel auf ein mit Backpapier ausgelegtes Backblech legen. Mit zerlassener Butter bepinseln und ab ins Backrohr. Umluft, 220 °C, maximal 45 Minuten. Mit Staubzucker bestreuen und servieren.

Zutaten Strudelteig:

(wenn's schnell gehen soll, tiefgekühlter Blätterteig)
200 g Mehl glatt
1 Ei
Salz, 1/16 l lauwarmes Wasser,
20 g Öl

Zutaten Fülle:

1/2 kg Topfen
100 g Butter
80 g Staubzucker
60 g Mehl (glatt)
3/8 l Sauerrahm
5 Eier
120 g Kristallzucker
geriebene (unbehandelte) Zitronenschale
Vanillezucker, 1 Prise Salz

Der Strudel (hier mit Topfen) gilt als eine Wiener Mehlspeisenspezialität. Erfunden wurde der dünne Strudelteig jedoch nicht am Zusammenfluss von Donau und Alserbach, sondern im Orient! In Ungarn, wo eine Weizensorte mit hohem Glutenanteil wächst, konnte der Strudel (dort Rétes genannt) sich zu dem entwickeln, was in weiterer Folge als Bestandteil der Wiener Küche zu gelten begann. Selbst wer kulinarischen Imperialismus ablehnt: dieser Strudel schmeckt.

Österreich / Italien

URSULA SOVA

Striptease

Zutaten:
2 Sauerrahm
2–3 Eier
frisch geriebener schwarzer Pfeffer
frisch geriebene Muskatnuss
250–300 g Schinken
1 Dose Mais
Erbsen
viel Parmesan, Salz
330 g schmale Bandnudeln

Alles nach Geschmack gewürzt zu einer Sauce rühren, schmale Bandnudeln kochen, abseihen und in die Sauce damit. Fertig.

In den Fünfziger Jahren entfloh meine Mutter der Enge Wiens und verbrachte drei Jahre in London. Geld hatte sie wenig, aber manchmal leistete sie sich ein Essen bei Pino, dem Italiener. Der schon etwas ältere Wirt mochte sie und stellte ihr gern Speisen auf den Tisch, die nicht auf der Karte standen, zum Beispiel Striptease. Viele Jahre später wurde dieses einfache Gericht zu einer absoluten Lieblingsspeise von uns. Wir bekamen dazu Geschichten aus einer fernen Welt, aus Mamas Jugendzeit, erzählt und damit sind die Nudeln für mich noch immer verbunden.

Wir hatten keine Ahnung, was der Name bedeutete und brachten unsere Mutter sicherlich oft in Verlegenheit, wenn wir den Nachbarn oder der Lehrerin erfreut verkündeten: »Wir gehen schnell nach Hause, weil Mama macht heut' Striptease ...« Ach ja, warum der Name? Die Nudeln ziehen sich nackt aus, wenn man sie auf die Gabel spießt.

Una Sova

Stephy-Omi-Toast

zubereitet von deren Urenkelin Una & der Nachwelt überliefert von Ursula Sova. Man nehme einen alten Eisentoaster von der Stephy-Omi – oder eine moderne elektrisch betriebene Grillplatte – die ist nur bei den Kindern längst nicht so beliebt – heize den Holzofen ein und überlasse den Rest den Kindern.

Toastscheiben außen mit Butter bestreichen. Für innen brauchen wir Speck, gut schmelzenden Käse, ein Gurkerl, vielleicht sogar ein Ei – dann kann es aber eine ziemliche Patzerei werden – und frische Kräuter aus dem Garten (Kresse!). Reichlich und je nach Gusto die Toastscheiben befüllen. Und dann aufpassen wie die Haftlmacher, dass der Toast rechtzeitig gewendet wird, sonst brennt alles an. Bald ist der Toast knusprig und der Käse rinnt auf allen Seiten raus … Fertig!

Zutaten:

Toastscheiben
Butter
Speck
Schmelzkäse
Essiggurkerl
eventuell 1 Ei
Frische Kräuter aus dem Garten

Zum Schrecken meiner Großmutter bin ich mit 18 in eine WG mit einem Mann gezogen. Sie wusste, dass ich nicht kochen kann, ging aber davon aus, dass ich für die Verköstigung dieses Mannes zuständig bin. Zu dessen Glücke war ich das nicht … Den alten Toaster hat Stephy-Omi mir damals gemeinsam mit ihrer Pfanne für böhmische Dalken geschenkt, die ich zum Eierbraten benutzt habe. Das ist lange her. Una freut sich immer wieder, den Toaster zu verwenden und so ist die Stephy-Omi auch noch ein bisserl bei uns…

MARKUS WINDHABER

Spätherbstromanze & gegrillte Brachse

Zutaten für die Spätherbstromanze
(gemischter Salat mit Blüten der Saison):

Ruccola
Rote Rüben
Walnüsse
Blüten von Wiesen- und Skabiosenflockenblumen (Schwestern der Kornblume), Ringelblumen und eine Klatschmohnblüte (genießbar, aber nicht in großen Mengen)
Marinade aus Apfelessig, Wasser, Kürbiskernöl und Meersalz

Ruccola (junge Blätter) ganz belassen, rote Rübe (rübenförmige Sorte) in dünne (ca. drei Millimeter dicke) Scheiben schneiden. Darüber Walnüsse, Blüten und Marinade geben.

Österreich

Die Schuppen mit einem großen scharfen Messer entfernen (fast rechtwinklig angesetzt »gegen den Strich« abschaben). Den Bauchraum mit Zitronenbasilikum, Zitronenschale, Zitronensaft, etwas Knoblauch, schwarzem Pfeffer und Salz füllen. Mehrere Stunden im Kühlschrank ziehen lassen. Den Fisch außen salzen und im Backrohr bei 200 °C grillen. Das dauert etwa 20 Minuten lang (je nach Fischgröße). Eventuell früher herausnehmen und testen, ob das Fleisch an der dickster Stelle (hinter den Kiemen) schon durch ist. Mit frischem Zitronensaft und Kräutern servieren.

Beim Experimentieren mit Kräutern lasse ich meiner Geschmacksfantasie freien Lauf. Nach meiner »ersten Brachse« könnte ich mir als Gewürz auch sehr gut frischen einjährigen Majoran vorstellen, zum Beispiel mit Zitronenthymian kombiniert. Fisch gehört wirklich nur so lange wie unbedingt nötig gegart. Das Fleisch sollte saftig sein.

Zutaten für den Fisch:

Brachse
frische Kräuter
Zitronensaft
unbehandelte Zitronenschale
Knoblauch
Pfeffer, Salz

Unter Anglern gelten Brachsen nicht so sehr als optimale Speisefische, weil sie vergleichsweise viele Gräten haben sollen. Das ist mir allerdings in keiner Weise negativ aufgefallen.

STEFANIE WIENKOOP

Tortillas de patatas (a la Estibaliz Larrainzar de Pamplona, Navarra, España)

Zutaten

(Normalerweise für 3–4 Personen – allerdings schafft unsere 16-jährige Tochter das auch allein.)

4 Eier
4 große Kartoffeln
1 Zwiebel
1/2 l Öl
Salz
Beschichtete Pfanne

Klein gehackte Zwiebeln in der Pfanne schmoren. In der Zwischenzeit Kartoffeln schälen und in möglichst dünne Scheiben schneiden. Zwiebeln aus der Pfanne nehmen, Kartoffeln rein und mit Öl bedecken. Die Kartoffeln so lange frittieren, bis sie weich sind. Danach das Öl von den Kartoffeln abtupfen. Zwiebel, Kartoffeln, Eier und Salz in einer Schüssel gut vermischen. Ein wenig Öl bei mittlerer Hitze in die Pfanne geben. Das Kartoffelgemisch in die Pfanne füllen und ab und zu schütteln, damit sich das Omelette vom Pfannenboden löst. Sobald der Boden des Omelettes fest ist, Deckel drauf und bei niedriger Hitze weiter braten. Nach ca. zehn Minuten das Omelette mit einem großen, flachen Teller umdrehen und die andere Seite braten. Immer wieder die Pfanne schütteln, damit nichts anklebt, bis die Tortilla durch ist.

Spanien 59

LOUIS RECUENCO-MUÑOZ

Albondigas

Das eingeweichte Brot mit Faschiertem, Petersilie, Knoblauch, Ei und Pinienkernen verkneten und zu kleinen Bällchen formen. Diese in Mehl wenden und in Öl anbraten. Die Zwiebeln schälen, raspeln und im Topf goldgelb anbraten. Dann den Wein, einen halben Suppenwürfel und die Lorbeerblätter dazu geben. In diese Sauce die angebratenen Fleischbällchen geben und ca. eine halbe Stunde köcheln lassen.

Zutaten:

500 g Faschiertes
20 g Pinienkerne
2 Lorbeerblätter
2 Knoblauchzehen
1 Ei, 1 Stück trockenes Weißbrot
1/2 TL schwarzer Pfeffer
1/2 Glas Weißwein
2 Zwiebeln
1/2 Suppenwürfel
Petersilie, Mehl und Öl

Jürgen Schneider & Franz Meister

Schweinsbraten mit Semmelknödeln

Zutaten (für 5–6 Personen):
2 kg fetter Schweinebauch am Stück
1–2 Knoblauchzehen
frischer Thymian
1 EL Tomatenmark
1 El Senf
schwarzer gemahlener Pfeffer
1 TL Kümmel
2 Zwiebeln
2 Karotten
5 größere Kartoffeln
1/4 l trockener Weißwein
1/4 l Rindsuppe oder 1/8 l Fonds
2 EL Butterschmalz zum Anbraten

Ein Schweinebraten ist ein Schweinebraten und ich finde, der darf ruhig ordentlich fett sein. Würde ich was Mageres wollen – dann sollte ich wohl besser ein Rindssteak essen.

Aus Salz, Knoblauch, Senf, Tomatenmark, Thymian und Kümmel eine Paste mischen, um damit das Stück Schwein einzumassieren. Vorher aber die Schwarte mit einem scharfen Messer im Karo (ca. einen Zentimeter tief und einen Zentimeter Abstand) einschneiden. Zugedeckt gut durchziehen lassen.

Zwiebeln und Kartoffeln der Länge nach achteln und die Karotten in ca. drei Zentimeter lange Viertel oder eventuell auch Achtel schneiden. Die Paste, die nicht in den Einschnitten sitzt, schaben wir mit dem Löffel grob ab und geben sie kurz beiseite.

In einem gusseisernen Bräter das Schmalz ordentlich erhitzen und dann das Fleisch ringsum braun anbraten. Die Zwiebel-, Kartoffel- und Karottenstücke hinzu geben, kurz mit anbraten und mit Suppe sowie Wein ablöschen – dann die Paste dazu und das gute Stück mit der Schwarte nach unten langsam ungefähr eineinhalb Stunden mit geschlossenem Deckel schmoren lassen. Etwa in der Hälfte der Zeit den Braten einmal wenden. Sollte die Flüssigkeit zu sehr eingekocht sein, nochmals etwas Wasser nachgießen. Wenn das Fleisch gut weich ist, Deckel runter nehmen und die Schwarte mit der Grilloberhitze aufknuspern – allerdings muss man da gut aufpassen, das brennt sehr schnell an.

Dazu gibt es weißes süßes Kraut und böhmische Hefeknödel – das Rezept dazu weiß der Franz – seines Zeichens »Meister« wie kein anderer!

Ich – Jürgen Schneider – liebe es, mit Franz – dem – Meister – ein pas de deux auf Südmährisch-Österreichisch zu geben. Nichts kommt dem gleich. Wir braten Schwein, geben Kraut und Knedlicke dazu – trinken Hostan und freuen uns des Lebens. Fett und deftig und einen Hauch ordinär (gewöhnlich), weil die Welt ist uns schon viel zu »light«, sophisticated und politically correct.

FRANZ MEISTER

Semmelknödel

Knödel, insbesondere Semmelknödel, haben Geschichte. Karl Valentin und Liesl Karstadt führten dereinst einen in die Weltliteratur eingegangenen Dialog über die richtige Aussprache des Plurals: »Semmelknödel« oder »Semmelknödeln« – der beiden Konversation kann inzwischen auch auf YouTube gefolgt werden – wahrlich abgeschlossen ist sie wohl noch nicht. Auf jeden Fall hat eben dieser Valentin-Karlstadt-Disput maßgeblich dazu beigetragen, dass nicht wenige nun darin irren, bei Semmelknödel(n) handle es sich um ein Rezept aus bayrischen Landen. Deutsche Kochbücher, insbesondere solche mit Bezug auf Bayern, attestieren den einschlägigen Knödeln so etwas wie nationsstiftende Eigenschaften. Nun, ich will's dabei belassen und halt nur so nebenbei erwähnen, dass die nachfolgende Anleitung zu den »houskove knedlíky«, den böhmischen Semmelknödeln, auch in Kochbüchern zur Wiener bzw. zur österreichischen Küche vorkommen. In einem meiner böhmischen Kochbücher steht sogar folgendes: »Während die ehemaligen deutschen Landesbewohner dem Knödel immer mit einer gewissen Reserviertheit gegenübergestanden und niemals ganz vom Erdapfel als gekröntem Haupt aller Beilagen abgehen wollten, gab es in der tschechischen Reichshälfte keinen Zweifel an der unbedingten Subordination aller anderen Beilagen unter den Semmelknödel.« Entsprechend meiner pazifistischen Grundhaltung daher: Wir werden wohl kein zweites Königgrätz brauchen, um Ursprung bzw. Zugehörigkeit endgültig entscheiden zu können – zumindest, solange sie schmecken.

Das Rezept zur Vorgeschichte:
15 Gramm Hefe mit einem Teelöffel Zucker und einer Prise Salz gut verrühren, bis die Hefe verflüssigt ist. 400 Gramm Mehl in eine Schüssel sieben. Die flüssige Hefe und 3 Eier plus 1/8 Liter Milch dazugeben und alles zu einem Hefeteig verkneten. Diesen eine Stunde gehen lassen. Eine Semmel (vom Vortag) in Würfel schneiden, in 40 Gramm Butter anrösten und abgekühlt unter den Teig kneten. Auf einer bemehlten Arbeitsfläche zwei längliche Laibe formen, mit einem Tuch bedecken und nochmals 15 Minuten rasten lassen. In einem großen Topf Wasser einfüllen, Salz dazugeben und zum Kochen bringen. Einen Knödel ins Wasser legen und den zweiten, sobald das Wasser sprudelnd kocht. Aufkochen lassen, dann bei kleiner Flamme 15 Minuten ziehen lassen, abseihen und mit einem Zwirn in Scheiben schneiden. Servieren …

Folgende Variante sollte zu gleichen kulinarischen Resultaten führen: 1/4 l Milch, 1 Ei, 350 g griffiges Mehl, 15 g Hefe, Salz, 2 altbackene Semmeln.

Aus der Milch, den Eiern, dem Mehl und Salz bzw. der in Wasser aufgelösten Hefe einen festeren Teig formen. Bei Bedarf Milch oder Mehl zugeben. Die geschnittenen Semmeln hinzugeben, gut durchkneten. Teig kurze Zeit ruhen lassen. Mit nassen Händen längliche Knödel formen und in leicht gesalzenem Wasser 20 Minuten köcheln lassen.

Mali 63

Mamia Diakite

Yassa

Zutaten (für 5 Personen):

1kg Zwiebeln
3 Kartoffeln gehackt
3 Karotten
Fleisch
Knoblauch
3 Löffel Senf
Salz
Pfeffer
Paprika
Öl
Kleiner Kohl
1 Suppenwürfel

Zuerst werden die Zwiebeln, Kartoffeln und Karotten geschält und geschnitten. Danach werden Knoblauch, Kohl und Paprika gehackt. Schließlich werden Zwiebeln, Paprika, Knoblauch, Karotten, Kohl und Kartoffeln mit Salz, Suppenwürfel, Pfeffer und Senf gewürzt und vermischt. Anschließend wird das Öl in die Pfanne gegeben. Dann wird das Fleisch geschnitten und ein bisschen Salz & Pfeffer dazugetan. Fünf Minuten später werden drei Gläser Wasser dazugegeben und alles 30 Minuten lang gebraten. Zum Schluss wird alles zusammengemischt und weitere 30 Minuten lang gebraten.

Mamia ist 2009 von Mali, Westafrika nach St. Andrä-Wördern gezogen um hier zu studieren.

Grenzenlos Sommer

Gemeinsam feiern verbindet

3 Tage Sommer, Sonne, Spaß und das alles Grenzenlos …

Jedes Jahr im Sommer veranstalten wir ein Festival im Garten rund um das ÖJAB-Haus Greifenstein.
All unsere Projekte und was uns verbindet sind an den drei Tagen vertreten. Essen, trinken, Sport, Spiel, Kommunikation, Theater, Literatur, Kreativprogramm für Kinder und Erwachsene, Shiatsu, chillen, singen, tanzen und natürlich Musik – zur puren Lebensfreude.
Ein wichtiger Teil des Festes ist das ÖJAB-Haus Greifenstein. Wir feiern im Obst- und Gemüsegarten des Hauses und versuchen das Haus und somit die dort lebenden Menschen (AsylwerberInnen) ein wenig in den Blickpunkt zu rücken.

»Als ich 2001 das Haus übernahm, habe ich zurückhaltend agiert, wollte nicht, dass das Heim auffällt.« (Marianne Haider).
Nun organisieren wir als Team das Sommerfestival, wo mindestens 500 Leute am Wochenende zu Besuch kommen und welches in vielen Medien vertreten ist. Von »nicht auffallen« ist zum Glück keine Rede mehr. Denn durch das Fest sind viele neue Aktivitäten im und rund um das Heim entstanden, wie zum Beispiel der Deutschkurs im ÖJAB-Haus oder ein partizipatives Videotraining.
Der Interkulturelle Naturgarten Greifenstein verändert sich jedes Jahr. In den letzten Jahren sind das Buffet, die Bühne und die Bar fix gebaut worden und bleiben für kommende Feste erhalten. An dieser Stelle möchte ich ganz besonders Marianne danken, dass sie den Garten so liebevoll gestaltet, damit wir mit dem Sommerfest einen guten Platz haben.
Gemeinsam feiern und Spass haben ist wichtig für eine positive ehrenamtliche Arbeit. Der Zuspruch der BesucherInnen zeigt, dass unsere Ideen und Arbeit richtig und wichtig sind. Unterschiedliche Projekte, Initiativen, KünstlerInnen beteiligen sich jedes Jahr ehrenamtlich und unterstützen somit den Verein. Beim Sommerfest ist für jeden etwas dabei, entweder als Gast oder zum Mitarbeiten. Wir freuen uns über jede neue Idee und jeden neuen Programmpunkt für zukünftige Feste.

ANNA GRUBER

Gambia

MUSTAPHA BABOU

Am 5. Dezember des Vorjahres hat einer der mir am nächsten stehenden Asylwerber aus dem ÖJAB-Haus im Rahmen einer »freiwilligen Rückkehrhilfe« Österreich verlassen. Mustapha war im April 2008 aus Gambia hierher gekommen, als Bootsflüchtling übers Meer. Seine ruhige, weise wirkende Art hat uns sehr beeindruckt. Viele hier hatten Kontakt zu ihm – er war auch wichtiger Teil der Tanzperformance »deine – meine – unsere« von Silvia Both gemeinsam mit Menschen aus und rund um das Flüchtlingsheim. In Folgert Duits Waldkindergarten war er mit seiner besonnenen warmen Art sehr beliebt. Auch beim monatlichen Grenzenlos Singen war Mustapha fast immer dabei. Als sein Asylantrag abgelehnt wurde, entschied er sich zur »freiwilligen Rückkehr« in seine Heimat. Das war mit großen Sorgen und Ängsten verbunden, da er nicht wusste, ob er dort verfolgt werden würde. Der Abschied war dementsprechend emotional, wir haben ihn zum Flughafen begleitet. In Gambia hat Mustapha zwei Kinder. Mit Hilfe eines Mikrokredits versucht er nun eine kleine Hühnerfarm aufzubauen. **Mustapha fehlt uns.**
Ursula Sova

Mustapha hat bei Grenzenlos eine Erdnuss-Suppe gekocht und das dazu gehörige Rezept aufgeschrieben.

Erdnuss-Suppe

Zutaten:
Rindfleisch
Erdnussbutter
Tomaten, Tomatenmark
Karotten, Zwiebeln
Knoblauch, Chili, Maggi
Zitronensaft
Schwarzer Pfeffer, Salz

Das Rindfleisch wird in kleine Stücke geschnitten und mit den Gewürzen weich gekocht. Inzwischen die Zwiebeln, Tomaten und Karotten fein hacken und dazu mischen. Danach Erdnussbutter und Tomatenmark unterrühren. Wenn Gemüse und Fleisch weich gekocht sind, mit Zitronensaft abschmecken. Am besten schmeckt diese Suppe mit Couscous oder Reis.

Torta de Melanzani (Melanzaniauflauf)

Zutaten:
2 Melanzani
3 Pkg. Mozzarella
2 Pkg. passierte Tomaten
1 Zwiebel
Grana-Käse
Basilikum
Pepperoncino (je nach Schärfe)
3 Knoblauchzehen
Salz
1/2 Suppenwürfel
Etwas Butter zum Einfetten

Die Melanzani in Scheiben schneiden, mit Salz einreiben, zehn Minuten warten und dann auf beiden Seiten grillen. Die passierten Tomaten mit Zwiebel, ein bisschen Pepperoncino, Knoblauch, Salz und Basilikum würzen und schmoren. Eventuell einen halben Suppenwürfel dazumischen. Eine Auflaufform mit Butter einfetten. Eine Schicht Melanzani hinein legen. Darüber eine Schicht Paradeissauce gießen. Dann dünne Scheiben Mozzarella darauf legen und mit Grana bestreuen. Dies so oft wiederholen, bis die Form voll ist oder die Zutaten aus sind. Die oberste Schicht besteht aus Mozzarella und Grana. Im Backrohr bei 250 °C ca. 30 Minuten lang schmoren lassen.

Eritrea war 30 Jahre lang eine Kolonie von Italien. Immer noch beeinflusst die italienische Kultur das Land. Ayda hat von ihrer Mama kochen gelernt und diese hat in einem italienischen Restaurant gearbeitet. »Meine Mama hat sehr gut gekocht! Ich liebe das Kochen von Spaghetti, Polpetti, Gemüseaufläufen, Injeera und Signi.« Ayda ist seit Oktober 2009 in Greifenstein. Sie spricht Tigrinia, Amharisch, Italienisch und ein bisschen Deutsch. Sie besucht seit ihrer Ankunft die Deutschkurse von Grenzenlos und ist eine regelmäßige Besucherin von Grenzenlos Kochen.

Grenzenlos Puppen

Grenzenlos Puppenbühne

Die Puppenbühne Grenzenlos wurde 2006 bei einem Kochabend gegründet. Im Jänner 2007 folgte der erste Puppenworkshop. Es entstanden dabei zwei Theaterstücke:

»Daka phîre« oder »Die Großmutter und der listige Fuchs«
In diesem Stück erleben wir, wie der Fuchs seinen Schwanz verliert und ihn wiedergewinnt.
Ein kurdisches Märchen – aufgeschrieben von Alırıza Goektas und Karin Burtscher – wurde von Kurden gespielt. Aufführungen gab es in der Alten Schule, beim Dorffest und in Wien anlässlich der kurdischen Buchwoche.

»Die Quelle des Lebens«
In Afrika versiegt der Brunnen durch die Macht eines bösen Zauberers. Zwei Kindern gelingt es, den Brunnen wieder zum Fließen zu bringen.
Diese Geschichte entstand durch Zusammenarbeit von Karin Duit, Astrid Czerny und mir. Wir spielten dieses Stück beim Sommerfest, in der Alten Schule und beim Dorffest.

2008 gab es den nächsten Puppenworkshop. Diesmal hatte ich eine Geschichte geschrieben, die wir aufführen wollten: »Der Schatz von der Burg Greifenstein.« Wir bauten die Puppen und Kulissen dafür. In diesem Stück wird ein Gespenst erlöst, das seinen Schatz bewachen muss.

2009 war unser Thema **»Der Wassermann vom Altarm«**. Im Puppenkurs erzeugten wir die dafür nötigen Puppen. Dieses Stück führt uns unter Wasser. Der Wassermann raubt die Frau des Fischers, weil er seine Frau beim Hochwasser verloren hat.

2010 machten wir einen Drachenbau-Workshop, denn unser nächstes Stück heißt **»Der Drache von der Hagenbachklamm«**. Dieses Stück wird im Dezember erstmals aufgeführt. Der Drache von der Hagenbachklamm raubt jedes Jahr ein Mädchen aus dem Dorf, bis Linde zu ihm kommt ...
Damit ist die Trilogie komplett, die ich zu regionalen Themen für unsere Bühne geschrieben habe.

GUNI ZEPPELZAUER

DAKA PHIRE Û LÛYA DIZDE oder Die Großmutter und der listige Fuchs

beno nêbeno, waxtê waxtê de, jü phîre bêna,
jü lûye bêna,
jü kî biza de phîre bena

daka phîre her roze biza xo dosena,
sitê xo ana girênena, amên kena, kena binê jü lêy,
ebe tenê kinca pîsena têra.

daka phîre rocê êna qayt kena ke sit cîno.
roca bine êna qayt kena ke sit hawo oncîya cîno.
daka phîre bêna xêge.
Vana : -no nîa nêbeno! kamo sitê mi tireno ?
ez gereke bizanî.

Daka phîre pê cêverî ra vecîna, darîye
Rocê daka phîre sitê xo ana, rêyna pîsena têra,
kena binê selke. Darîya xo cêna xo dest,
xo pê cêver de dana we.
Qayt kena ke cêver bî ya (ra),
lûye bêveng amê kewte zerê bon,
sîye lêy kerd berz û dormê xode kayt kerd ke
kes cîno, zaf kêf kerd,
esqi ra nêzana ke se bikero.
Lüye êna ke, site xo serde kero, bisimo.

ALIRIZA GOEKTAS

Österreich / Indien

ELISABETH PENZIAS

Indischer Kichererbsensalat

Das Rezept habe ich wohl in einem indischen Kochbuch zum ersten Mal gesehen und gelesen. Seither mache ich ihn aber »freihand« und würze so, wie es gerade möglich ist. Am besten wird er mit frischem Koriander, den man aber gut durch frische Petersilie oder andere frische grüne Kräuter ersetzen kann. Die Kichererbsen, die ich verwende, kommen oft auch aus der Dose, denn dann sind sie schon gekocht.

Zutaten

1 Tasse trockene, nicht gekochte oder drei Tassen gekochte Kichererbsen
1 große rohe Kartoffel
2 oder 3 EL grünes Olivenöl
1 oder 2 Knoblauchzehen, gepresst
2 TL gemahlener Kreuzkümmel
1 oder 2 große Tomaten, klein geschnitten
1 oder 2 frische grüne Pfefferoni, klein geschnitten (wenn es scharf werden soll)
1 grüner oder gelber Paprika, klein geschnitten (kann auch ganz wegbleiben)
2 oder mehr EL klein geschnittene Kräuter (frischer Koriander vor allem, aber gern auch Petersilie, Kerbel, Zitronenmelisse)
3 EL (zumindest) Zitronen- oder Limettensaft
1 TL Zucker
Salz oder Kräutersalz nach Belieben

Die rohe Kartoffel schälen und in kleine Würfel (kichererbsengroß) schneiden. In einer großen Pfanne das Öl erhitzen, Kreuzkümmel, Knoblauch und die Kartoffelstückchen einige Minuten darin anbraten, bis die Kartoffel weich ist. Danach vom Feuer stellen und abkühlen lassen.
In eine schöne Schüssel die Kichererbsen und das geschnittene Gemüse (Tomaten, Paprika, Chili) zusammengeben, die angebratenen, ausgekühlten Kartoffel dazu, Zitronen- oder Limettensaft und Kräuter, Zucker und Salz untermischen. Vor dem Servieren drei bis vier Stunden im Kühlschrank rasten lassen, das tut dem Geschmack gut. Auf grünen Blättern serviert, kommt der Kichererbsensalat besonders gut zur Geltung.

Rote Rübensalat

Das Rezept stammt von meiner Schwester. Der Salat ist ein Rohkostrezept und ganz einfach zu machen.

Äpfel, rote Rüben und Karotten reiben, wegen der Farbe mit etwas Zitronensaft mischen.
Die Sauce wird aus Rahm und Joghurt gemacht, gewürzt mit Kräutern, Zitrone, etwas Kreuzkümmel, Salz und Pfeffer.

Zutaten:
2 große Äpfel, Karotten
3 rote Rüben
Zitronensaft
Rahm und Joghurt
Kräuter, geriebener Kreuzkümmel, Salz und Pfeffer

Die Kombination macht meine Schwester seit vielen Jahren, weil ihre Mädels das schon als Kleinkinder so gut fanden.

Niederösterreich

GABI SIMON

Grobm-Dodl-Suppe

Das sehr alte Rezept stammt ursprünglich von meinen Vorfahrinnen aus meiner Heimat, dem Piestingtal in Niederösterreich. Die Suppe heißt bei uns – ich muss schon sagen, nicht sehr schmeichelhaft – »GROBM DODL SUPPM« (übersetzt: die Suppe der minderbemittelten Leute aus dem Graben bzw. Tal)

Zutaten:

500 g festkochende Erdäpfel
2 Paar rohe Bratwürstel (nicht geselcht!) – gibt es am ehesten bei Bauern ab Hof zu kaufen
3 Zehen Knoblauch
1 Becher Schlagobers
Salz, Pfeffer und Kümmel

Erdäpfel schälen, würfelig schneiden und mit Wasser zustellen. Die rohen Bratwürstel enthäuten, das Brät in kleine Stückchen zerteilen und ins Wasser zu den Erdäpfeln geben. Danach salzen und Kümmel hinzufügen. Solange kochen, bis die Erdäpfel weich sind. Am Schluss einen Becher Schlagobers einrühren und mit zerdrücktem Knoblauch und Pfeffer abschmecken. Dazu passt am besten frisches Schwarzbrot.

*Bei uns zu Hause schmeckt diese Suppe immer allen und ist sehr beliebt, vor allem im Winter.
Die Suppe haben hauptsächlich Mario, Ella und Wolferls kids Anni, Marlene und Peter gekocht! Ich hab die »jungen Köche« angeleitet und ihnen assistiert.*

Österreich / Asien

Diese Fischsuppe ist heiß und scharf. Sie wärmt an kalten Tagen. Ich liebe sie besonders, weil sie gut schmeckt und vor allem auch schnell geht.

Asiatische Fischsuppe

Ingwer mit den Senfkörnern in Sesamöl anrösten. Jungzwiebeln in Ringerl geschnitten hinzufügen und anbraten. Mit Kokosmilch aufgießen. Fisch und Erbsen dazu geben. Mit Chili würzen, salzen und pfeffern. Ein bisschen kochen, bis Fisch und Gemüse durch sind. Das geht relativ schnell. Fertig!

Zutaten:

1 daumengroßes Stück Ingwer, gerieben
1 TL geröstete Senfkörner
Sesamöl
1 Bund Jungzwiebeln
2 Pkg. Kokosmilch
1 Pkg. Tiefkühlfisch (z.B. Dorsch), würfelig geschnitten
1 Pkg. Erbsen
Chili, Salz und Pfeffer

Domane Asmên – Kinder des Himmels

AliRıza ist eines der fünf Gründungsmitglieder von Grenzenlos St. Andrä-Wördern. Er lebt seit 1985 in Österreich und seit 2001 mit seiner Partnerin Karin und den beiden Kindern Roja und Avin in St. Andrä-Wördern.
AliRıza musste als Bub mit Mutter und Geschwistern aus seinem Heimatdorf in den Bergen von Dersîm – Nordkurdistan in die Stadt umziehen, musste vom Leben in und mit der Natur Abschied nehmen. Armut, vorher unbekannt, war die Folge, aber auch neue Erfahrungen mit Gefängnis, Repression und Folter, sowie die Begegnung mit vielen, ganz unterschiedlichen Menschen, haben sein weiteres Leben geprägt. In seinem Buch »Domane Asmên – Kinder des Himmels« schreibt er seine Gedanken und Erfahrungen nieder, erzählt von der Verzweiflung, vor allem aber von der Hoffnung, dem Aufbruch und der Flucht nach Österreich.

Die Sehnsucht nach dem Dorfleben hat ihn wie viele der vertriebenen Kurden und Kurdinnen nie losgelassen. Deswegen stellt AliRıza den Erlös seines Buches für ein Projekt zur Verfügung, das es ermöglicht, dass Alt und Jung wieder gemeinsam in der angestammten Umgebung leben, wohnen und arbeiten können.

Beim Sommerfest von Grenzenlos im Jahre 2009 hat AliRıza eine Lesung aus seinem Buch gehalten.

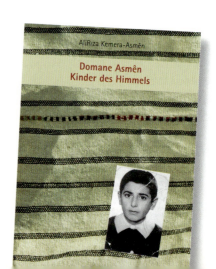

Die Unruhe Privatstiftung & die SozialMarie

Die Unruhe Privatstiftung wurde im Jahr 2000 von Wanda Moser-Heindl und ihrem Mann Fritz Moser mit dem Ziel errichtet, Wissenschaft, Kunst und soziale Innovationen zu fördern. Um soziale Innovationen auszuzeichnen, wurde die SozialMarie ins Leben gerufen.

Der Preis SozialMarie

wird seit 2005 nun jährlich für soziale Innovation vergeben und ist das wichtigste Projekt der Unruhe Privatstiftung. Ziel der SozialMarie ist es, innovative soziale Ideen und deren Umsetzung in der Öffentlichkeit bekannt zu machen. Die Unruhe Privatstiftung fördert durch diesen Preis auch die Vernetzung der Sozialprojekte. Somit können diese wieder als Vorbild für andere Interessierte dienen. Die Einreichfrist beginnt am 1. Dezember und endet spätestens am 15. Februar des Folgejahres. Die prämierten Projekte werden im Rahmen einer festlichen Veranstaltung am 1. Mai präsentiert. Wichtig ist, dass die Projekte praxiserprobt sind und Zukunft haben. Sie müssen zum Einreichzeitpunkt bereits umgesetzt und gleichzeitig noch am Laufen sein. Eingereicht werden können Projekte aus Österreich und Ungarn. Das Einreichgebiet umfasst auch die weiteren an Österreich angrenzende Länder, doch aus organisatorischen Gründen nur in einem Umkreis von 300 Kilometern um Wien.

Wanda Moser-Heindl beim Grenzenlos Sommerfest 2010

Der Name SozialMarie

Auf die Frage, wie man denn auf den Namen SozialMarie gekommen ist, meint Wanda: »Gedacht war, einen Preis für soziale Innovationen zu etablieren, so eine Art ›Oskar‹ für soziale Projekte, aber nicht männlich, sondern weiblich besetzt! Bei einem Spiel mit Freunden wurde über berühmte Frauennamen gesprochen und da kam man auf Maria und weil im Wienerischen ›die Marie‹ auch für Geld verwendet wird, wurde die Sozialmarie geboren!«

Preis der SozialMarie für Grenzenlos

2005 hat Grenzenlos einen Preis von der SozialMarie erhalten. Wanda gefällt an Grenzenlos, dass Nachhaltigkeit einen Schwerpunkt bildet und dass sozialen Problemen mit kreativen, zukunftsweisenden Mitteln begegnet wird. »Es werden immer wieder neue Ideen geboren, dadurch bleibt Grenzenlos in Bewegung. Es ist immer wieder spannend, hierher zu kommen, da sich Grenzenlos an den Bedürfnissen der Leute und ihren möglichen Ressourcen orientiert.«

Der Interkulturelle Naturgarten Greifenstein

Ein Ort der Begegnung und des interkulturellen Austauschs.

Seit 2006 wird rund um das Gelände des ÖJAB-Hauses Greifenstein, einem Wohnheim für AsylwerberInnen der Österreichischen Jungarbeiterbewegung, biologisch gegärtnert.

Der Garten ist rund 18.000 Quadratmeter groß und besteht aus einer Streuobstwiese, einem Volleyball- und einem Fußballplatz. Da der Boden sehr steinig ist, wurde auf ca. 600 Quadratmetern eine Hochbeetanlage für Gemüse, Beeren und Kräuter errichtet. Sehr viel Wert wird auf die Nützlingsförderung und den Artenschutz gelegt. Die Arbeit im Garten bietet für die mitwirkenden BewohnerInnen zum einen eine willkommene Abwechslung und einen sinnvollen Zeitvertreib. Zum anderen können sich die GärtnerInnen ihr eigenes Biogemüse ziehen. Das Projekt ist auch als Schaugarten zu besichtigen.

Da AsylwerberInnen, bis auf ganz wenige Ausnahmen, nicht arbeiten dürfen und die Asylverfahren häufig sehr lange dauern, sind die Monate und Jahre des Wartens oft durch ein sinnloses »Dahinvegetieren« geprägt. Zudem haben viele Flüchtlinge psychische und auch physische Probleme. Die Trennung von den Familien und Freunden, die Einsamkeit, die ungewisse Zukunft und permanente Angst vor einem negativen Asylbescheid wirken schon für sich extrem belastend. Hinzu kommt noch, dass sie hier nicht erwünscht sind und dies auch fast täglich zu »spüren« bekommen.

AsylwerberInnen werden zu reinen HilfsempfängerInnen degradiert und ihre Fähigkeiten gar nicht wahrgenommen. Wenn das Asylverfahren positiv beschieden wird, sind die Flüchtlinge am Arbeitsmarkt den ÖsterreicherInnen gleichgestellt. Da aber viele keine Berufsausbildung haben und auch nicht Deutsch sprechen, werden sie oft zu SozialhilfeempfängerInnen. Das Ziel des Projektes ist es, dem entgegenzuwirken.

Es wird ein Integrationsprojekt angestrebt, bei dem anerkannte Flüchtlinge, subsidiär Schutzberechtigte, AsylwerberInnen und ÖsterreicherInnen gemeinsam an dem Projekt mitarbeiten. Weiters soll durch den Kontakt zu Einheimischen auch die soziale Integration gefördert werden.

Je nach finanziellen Möglichkeiten wollen wir in den nächsten Monaten bzw. Jahren eine kleine Werkstätte, ein Erdgewächshaus, eine afrikanische Lehmhütte und eine begehbare Kräuterspirale errichten. Wir möchten Säfte, Marmeladen, Nützlingshäuser, Kunstgegenstände etc. herstellen und diese »Ab-Hof« vermarkten, um damit das Projekt finanziell zu unterstützen.

MARIANNE HAIDER

»Wege entstehen dadurch, dass man sie geht.«

Franz Kafka

Michael Deutinger & Elisabeth Scheidl

Reisauflauf mit Himbeer-Chaudeau

(nach K. und R. Obauer, diskret variiert)

Zutaten (für 8 Portionen):
Reindl von ca. 35 x 25 cm

100 g Langkornreis (Basmati geschält)
3 Scheiben frischen Ingwer
1/4 l Reismilch (auch Milch)
1 EL Butter
4 Eier groß
30 g Staubzucker
30 g Kristallzucker
Semmelbrösel
2 Birnen oder (einfacher) abgetropftes Birnenkompott
unbehandelte geriebene Zitronenschale

Schneehaube:
4 Eiklar
160 g Kristallzucker
2 EL Kokosraspeln

Himbeer-Chaudeau:
6 cl pürierte Himbeeren
3 Eidotter
3 cl Weißwein
1 cl Himbeerschnaps (Birnenschnaps)
10 g Vanillezucker

Reis mit Milch, Butter sowie den Ingwerscheiben weich kochen und abkühlen lassen. Eier trennen. Eiklar mit Kristallzucker zu Schnee schlagen. Dotter mit Staubzucker und etwas frisch geriebener Zitronenschale schaumig rühren.
Schnee mit der Dottermasse und dem Reis behutsam vermengen.
Form mit Butter befetten, mit Bröseln ausstreuen. Die Hälfte der Masse in die Form füllen, Birnenscheiben darauflegen, mit dem Rest der Masse bedecken, bei 200 °C etwa 30 Minuten lang backen.
Für die Schneehaube die Eiklar mit Zucker zu steifem Schnee schlagen. Unter Verwendung eines Spritzbeutels selbigen auf den fertig gebackenen Reisauflauf spritzen, am besten ein Schneehäubchen neben dem anderen, dann mit Kokosraspeln bestreuen.
Unter starker Oberhitze noch einmal zehn Minuten lang backen, bis sich die Schneehaube leicht bräunlich verfärbt.
Aber drauf schauen, dass die Kokosraspeln nicht zu dunkel werden.
Für den Chaudeau alle Zutaten über Wasserdampf mit einem Schneebesen cremig aufschlagen. Ein bisschen davon auf den Auflauf, den Rest daneben geben, fertig.
Gut passt auch Vanilleeis dazu.

Einfach, ehrlich, bodenständig!
Durch die Intervention der Obauer-Brüder, die unweit meines Elternhauses in Werfen im Pongau ihr weltbekanntes Restaurant führen, wird das altbekannte Gericht zu einer feinen und raffinierten Süßspeise.
Sie dürfen trotzdem Reisauflauf zu ihm sagen.

MICHAEL DEUTINGER & ELISABETH SCHEIDL

Blattlkrapfen mit Sauerkraut

Zutaten (für 4 Personen):
500 g Mehl (Roggen oder Dinkel)
1 EL Salz
1/2 l Milch
Fett oder Butterschmalz

Für das Sauerkraut:
750 g Sauerkraut
200 g Zwiebel
1 Zehe Knoblauch
1/2 Apfel, säuerlich
30 g Butter zum Anschwitzen
3 EL Zucker
225 ml Weißwein
375 ml Gemüsebrühe (idealerweise selbst gemacht, oder gute Instantbrühe)
1 Lorbeerblatt
9 Wacholderbeeren
3 Gewürznelken
1 Bund Petersilie
Salz und Pfeffer

Mehl und Salz mit der Milch vermengen, gut durch rühren, kneten und eine halbe Stunde lang rasten lassen. Dann dünn ausrollen, in Quadrate schneiden und schwimmend in heißem Fett braten.

Das Sauerkraut ein paar Minuten wässern. Die Zwiebeln schälen, halbieren und in Scheiben schneiden. Apfel und Knoblauch auch. Zwiebeln, Knoblauch und Apfel in Butter glasig anschwitzen. Danach den Zucker dazugeben und leicht karamellisieren lassen.

Das Sauerkraut abgießen, ordentlich auspressen und zwei Drittel zu der Zwiebelmischung geben. Nochmals leicht anschwitzen. Mit Weißwein ablöschen, kurz aufwallen lassen und dann die Gemüsebrühe dazugeben. Erneut kurz aufwallen lassen und mit Salz und Pfeffer abschmecken.

Danach die Kräuter und Gewürze im Ganzen zugeben und eine bis eineinhalb Stunden bei sanfter Hitze köcheln lassen. 15 Minuten vor dem Servieren das restliche Sauerkraut zugeben (macht das Kraut knackig). Nach dem Kochen Petersilie, Nelken, Wacholderbeeren und Lorbeerblatt entfernen.

Nicht alles an die Gäste »verfüttern«, denn am nächsten Tag schmeckt es noch besser!

Österreich / Pongau 87

Österreich / Frankreich

CHRISTA SCHLEPER

Geröstetes Gemüse

Zutaten:

2 Auberginen
2 rote Paprika
2 mittelgroße Zwiebeln
1 Zucchini
2 Fleischtomaten
6 EL kalt gepresstes Olivenöl
3 EL Zitronensaft
Salz

Auberginen, Paprikaschoten und Zucchini abspülen, von den Stielansätzen befreien, Paprika entkernen. Das Gemüse in größere Stücke schneiden. Die Zwiebeln schälen und quer halbieren.
Ein Backblech mit zwei Esslöffel Olivenöl einstreichen, das Gemüse – außer die Tomaten – darauf legen und im vorgeheizten Backofen bei 200 °C ca. 30 Minuten auf mittlerer Schiene backen. Zwischendurch wenden. Dann die Tomaten dazu geben und weitere 15 Minuten backen. Das Gemüse auf einer vorgewärmten Platte anrichten. Restliches Öl mit Zitronensaft und Salz verrühren und über das Gemüse träufeln. Warm servieren.
Variante: Eine schmackhafte Möglichkeit ist die Zubereitung mit neuen Kartoffeln, die 15 Minuten vorgegart werden, ehe das Gemüse folgt.

Österreich / Italien

Folgert Duit

Steinpilzrisotto

Steinpilze im Wald sammeln und zu Hause trocknen. Fein gehackte Zwiebeln in grünem Olivenöl glasig rösten. Das braucht seine Zeit. Pfeffer grob reiben und beifügen. Dann den Reis einrühren und eine Weile sanft umrühren, bis jedes Korn ein öliges, durchscheinendes Mäntelchen hat. Steinpilze einstreuen und kontinuierlich rühren. Daneben in einem Topf Gemüse- oder Rindsbrühe erhitzen. Nun wird mit einem Gläschen Wein der heiße Reis gelöscht. In der Folge wird bei ständigem Rühren immer wieder ein Schöpfer Brühe dazu gegeben und verteilt, bis der Reis ganz sämig geworden ist und fast auf der Zunge zergeht. Zu guter Letzt ausreichend guten geriebenen Parmesan beifügen und einrühren.
Und nun: Wohl bekomm's!

Zutaten:

Steinpilze
Zwiebel
Grünes Olivenöl
Pfeffer
Salz
Reis
1 Gläschen Wein
Gemüse- oder Rindsbrühe
Parmesan

Zwischen zwei Sesseln

Zwischen zwei Stühlen sitzen. Einem den Sessel vor die Tür stellen. **Jemanden sitzen lassen.** Sesshaft werden. **Sitzfleisch haben.** ~~Jemanden versetzen.~~ Ein großer Stuhl macht noch keinen König. Nur ein Lügner ist in Eile – nimm'dir einen Stuhl und setz dich. *Jemandem den Stuhl unter dem Hintern wegziehen. An jemandes Stuhl sägen.* Sich niederlassen

Wir leben in St. Andrä-Wördern in Niederösterreich – einer Region, in der Menschen aus 71 Nationen zu Hause sind. Im Nachbarort Greifenstein befindet sich ein Wohnheim, in dem rund 55 asylwerbende Menschen wohnen. Sie kommen aus unterschiedlichen Ländern und gesellschaftlichen Realitäten, Religionen und Sozialisierungen. Sie sprechen verschiedene Sprachen – manche bis zu sieben – und beherrschen oft mehrere Schriften.

Eines jedoch haben sie alle gemeinsam – sie mussten ihre Familien zurücklassen und ihre Heimat verlassen. Und noch etwas: Jede/r von ihnen kann morgen an einen anderen Ort abgeschoben werden.

Heimat? – Wir wissen nicht, was wir sagen sollen? Wir sind betroffen.

Es geht darum, einen Ausdruck zu finden für die Sprachlosigkeit.

Es geht darum, Ressourcen zu finden und dort zu beginnen, wo es gut ist.

Es geht darum, Momente des Glücks zu generieren, die hervorgeholt werden können in Zeiten der Not.

Also finden wir Möglichkeiten für spielerisches Tun. Öffnen einen Raum, in dem Begegnung leicht und selbstverständlich ist, in dem Beziehungen entstehen können, in der Anerkennung, kreative Arbeit und künstlerischer Ausdruck die Rahmenbedingungen stellen.

Wir öffnen unsere inneren und äußeren »Räume«.

»Zwischen zwei Sesseln« versteht sich als eine Initiative geschützten Dialoges. Sie bietet künstlerisch sinnvolle Arbeit, einen (kleinen) Verdienst, viele Möglichkeiten der Kommunikation für interessierte Asylwerbende, aber auch durchaus für »UreinwohnerInnen«.

Und ganz real werden geschenkte Holzsessel tischlerisch stabilisiert, geschliffen, grundiert und dann mit den Bildern, Mustern und Themen bemalt, die aus der jeweiligen Heimat, einer momentanen Inspiration oder von weiß der Kuckuck woher kommen. Zum Beispiel aus dem Muster des aktuellen Rockes. Vielleicht, wenn dann tiefere Quellen zu sprudeln beginnen, taucht auch die Erinnerung an ganz ursprüngliche Ornamente wieder auf.

So wächst in den bemalten Sesseln eine Synthese der Kulturen heran. Europäische Stühle mit afrikanischen, afghanischen und vielen weiteren Oberflächen.

Diese Stühle werden ausgestellt, bieten sich an, um sich in sie zu verlieben und die /den BesitzerIn zu wechseln.

Die Erfahrung ist gemeinsames Lachen, konzentriertes Arbeiten, unzählige Augen-Blicke, viele Gespräche über das Was und Wie, Annäherung an die Farben, an die Muster, Unsicherheit, Inspiration und, dass durch das Leben, die Verantwortung, die übernommen wird, menschliche Bezugspunkte und Erfahrungen zu einem tragfähigen Netz zusammenwachsen. Im Vordergrund steht dann das »Mensch sein« unabhängig von Herkunft und Sprache. **Ein Hauch von Glück.**

FOLGERT DUIT

Aida Maas-Al Sania

Omas Schokobiskuit

Das Rezept stammt von meiner Oma Resi aus der Wachau und hat mich in meiner Kindheit begleitet. Als Kinder haben wir einen Teil der Ferien immer bei den Großeltern am Steinriegl in Niederösterreich verbracht. Und beim Hinausfahren haben wir die Oma schon gefragt, ob sie wieder ein Biskuit gemacht hat, denn unsere Mutter kocht zwar sehr gut, aber mit dem Backen hat sie nicht so viel am Hut gehabt! Da waren wir echt auf die Oma angewiesen.
Meine Schwester und ich haben uns immer darum gezankt, wer diesmal wieder die Schüssel mit der übriggebliebenen Schokocreme ausschlecken darf. Weil das war einfach das höchste der Genüsse: mit den Fingern in der Schüssel herum zu schmieren und die letzten Cremereste von den Fingern abzuschlecken.
Bei unseren großen Familientreffen gehört das Schokobiskuit bei der Jause einfach dazu und bevor die Schüssel in den Geschirrspüler kommt, sind die Kinder da und reißen sich ums Ausschlecken der Schüssel ...

Österreich

Eiweiß und Eigelb trennen und das Eiweiß mit vier Esslöffel kaltem Wasser zu Schnee schlagen. »Wenn du die Schüssel auf den Kopf stellst und der Schnee drinnen bleibt, dann ist es gerade richtig«, hat meine Oma gesagt, als sie mir das Rezept gegeben hat. Pech allerdings, wenn's nicht steif genug war und die Sauce sich dann über den Rand ergossen hat! – In den Schnee zuerst langsam einzeln die Eigelb einrühren, dann nach und nach auch den zuvor gesiebten Staubzucker hineingeben und vorsichtig umrühren. Zuletzt auch gesiebtes Mehl in Etappen in den Teig mischen, wobei zuletzt das Backpulver unter das Mehl gemengt wird. Pfanne entweder befetten und bemehlen oder mit Backpapier auslegen, Teig hineingeben und eine halbe Stunde bei ca. 180 °C auf mittlerer Schiene backen.

Während das Biskuit im Ofen vor sich hin bäckt, kannst du in der Zwischenzeit die Fülle vorbereiten. Zu diesem Zwecke mengst du die in kleine Stücke geschnittene warme Butter mit dem Staubzucker und der geriebenen Schokolade. Das Ganze gut abreiben, Rum, Zitronensaft, Kakao und Kaffee je nach Geschmack sowie Ei daruntermischen. Ich gebe jeweils zwei Esslöffel Rum, Kakao und Kaffee sowie Saft von einer halben Zitrone hinzu. Wenn Kinder mitessen, wird man kaum Rum verwenden und wem das Ganze zu süß ist, der wird weniger Zucker nehmen...

Die Creme ein paar Stunden in den Eiskasten stellen, damit sie anzieht! Das ausgekühlte Biskuit durchschneiden und mit der Creme füllen. Die Schüssel vor'm Waschen ...

Zutaten:

Für das Biskuit:
6 Eier
250 g Staubzucker
180 g griffiges Mehl
4 EL kaltes Wasser
1/4 Pkg. Backpulver

Für die Fülle:
180 g Butter (Zimmertemperatur)
180 g Staubzucker
1 Ei
200 g geriebene Kochschokolade
Rum, Zitronensaft, Kakaopulver und geriebenen Kaffee

Grenzenlos Spielen

Grenzenlos Spielen

Dorffest Juni 2004 – Geburtsstunde von Grenzenlos Spielen
Bei strömendem Regen unter einem »Pfadfinderzelt«! Dichtgedrängt saßen wir auf Heurigenbänken, die Spiele vor uns auf den wackeligen Tischen aufgebaut, dazwischen kleine Snacks und die alkoholfreien Cocktails von Mohammed, weil die mit Alkohol gab's nur am Abend! Und am Zelt rann das Wasser entlang. Ich bin nicht nur einmal pitschnass geworden. Aber es war total gemütlich und hat Spaß gemacht. Wenn du so eng aneinander gereiht sitzt, das hat schon was!
Dabei haben wir uns so viel vorgenommen gehabt. Wir haben nämlich zuerst einmal vor dem erweiterten Vorstand mit Familie – ungefähr 30 Leute – im Hauptschulturnsaal gespielt, sozusagen auf »Probe«. Da waren die diversen Fang- und Bewegungsspiele: Anna – ihr Papa Philippe ist Franzose – hat französische Kinderspiele mit uns gespielt. Mohammed hat uns gezeigt, was sie in Tunesien so spielen und Alper hat türkische Spiele vorgestellt. Barbara und Astrid haben traditionelle Kinderspiele hervorgeholt, die von Generation zu Generation weiter gegeben werden – wie zum Beispiel »Zimmer, Küche, Kabinett«. Ich habe die »New Games« – mittlerweile »Old Games« – präsentiert. Die New Games waren in meiner Jugend (hoho) echt ein Heuler. Viele von euch werden sie noch von der Jesuitenwiese in Wien kennen. Prinzip: keine Verlierer, und gemeinsam erreicht man was!
Also das alles wollten wir beim Dorffest spielen. Wir hatten einen Bauern gefragt, ob wir seine Wiese benutzen durften – Ja klar! Tja, dann war Regen angesagt und das Outdoorprogramm ist dann im wahrsten Sinne des Wortes ins Wasser gefallen.
Nachholen konnten wir das dann beim ersten Grenzenlos Sommer Fest in Hadersfeld beim Obelisken. Ich kann nur sagen »PHANTASTISCH«. Herrliches Wetter mit Blick auf den Schneeberg! Viele Leute, viele Ideen. Karin zum Beispiel hat Fadenspiele mit Leuten gespielt. Orsy hat ihre Blöcke mitgebracht, aus denen die Kleinen dann Züge, Häuser, etc. bauten. Außer Atem kamen wir beim Fangerlspiel mit den Kluppen. Dabei geht es darum, wer die meisten Kluppen einheimst!
Mittlerweile ist das Spielen fixer Bestandteil bei »Grenzenlos Sommer«. Leute können sich zu zweit Spiele nehmen, oder wir organisieren größere Spiele für Gruppen, wie zum Beispiel Jeu de boules, begleitet von Franzosen natürlich, damit's echt ist! Der Sport ist dazu gekommen, besonders beliebt ist Volleyball! Beim Jungarbeiterheim gibt's nämlich seit ein paar Jahren ein Volleyballfeld.

Die Idee dahinter

Für Jung und Alt soll's sein und Menschen über alle Grenzen hinweg verbinden. Aus diesem Grund spielen wir auch an verschiedenen Orten. Mal war's die Alte Schule in Greifenstein, dann das Gartencafé in St. Andrä-Wördern oder die Kantine des örtlichen Fußballklubs und zuletzt das Areal der Sport Union von St. Andrä-Wördern. Und das war ein voller Erfolg! Viel Platz, viele Möglichkeiten, gute Stimmung und gemeinsam mit einem anderen Verein. Was will man mehr? Bei »Grenzenlos Sommer« spielen wir tagsüber, sonst gibt es Spielabende und das letzte Mal war's ein Nachmittag.

Ich spiele für mein Leben gerne, auch zu Hause und da vor allem mit Flip, Gabi und Manfred »Auffi/Owe«. Dabei handelt es sich um ein Kartenspiel, bei dem man die Stichanzahl erraten muss und die Summe der geratenen Stiche niemals die Summe der ausgeteilten Karten ergeben darf. Spannend und lustig, ganze Abende haben wir damit verbracht!

AIDA MAAS-AL SANIA

Anke Bellaire

Spinatspätzle (gut und schnell)

Zutaten:

1/2 Knoblauch
1–2 Zwiebeln
Olivenöl
Salz, Muskat, Chilipaste
1 Pkg. Mandelstifte
1 Pkg. würziger Grünschimmelkäse (gewürfelt)
Blattspinat
Schlagobers
Spätzle (frisch gekocht oder fertig aus dem Kühlregal)

Knoblauch und Zwiebeln würfeln, in Olivenöl mit Salz und Chilipaste glasig dünsten. Den Blattspinat hinzugeben und mit Muskat würzen. Nach einigen Minuten den Grünschimmelkäse und die Mandeln unterrühren. Wenn der Käse zu schmelzen beginnt, die Spätzle hinzugeben und das Schlagobers darüber gießen. Alles gut durchziehen lassen und gelegentlich umrühren. Mit frisch gemahlenem Pfeffer servieren.

Österreich / Ungarn

Maria Brandl

Ungarische Gulaschsuppe

Zutaten:

500 g Rindfleisch (Wadschunken)
2–3 große Zwiebel
Etwas Öl
Rotes Paprikapulver
Salz, Vegeta (ungar. Suppenwürze), etwas Kümmel
500 g Erdäpfel
3–4 große Karotten
1–2 Petersilienwurzel
Ca. 1/2 Sellerieknolle (nicht zu groß)

Zwiebel schneiden und in Öl glasig rösten. Dann das würfelig geschnittene Fleisch dazugeben, rotes Paprikapulver drüberstreuen und sofort gut umrühren (man kann auch kurzfristig den Topf vom Herd nehmen – Paprika brennt leicht an und wird dann bitter). Mit Wasser aufgießen. Würzen mit Salz, Vegeta, etwas Kümmel (wegen der leichteren Bekömmlichkeit) und kochen lassen.
Nach ca. einer Stunde, wenn das Fleisch fast weich ist, Erdäpfel und Gemüse – würfelig geschnitten – beifügen. Fertig kochen.

Wenn du ins Internet schaust, findest du eine Vielfalt von Gulaschrezepten, verfeinert mit Rotwein, Knoblauch, Tomatenmark, aber auch Lorbeer und Thymian.
In der ungarischen Hausmannskost ist eigentlich meine Version die übliche: Diese Suppe konnte man mit größerem Anteil an Gemüse und Erdäpfeln strecken, dafür wurde das Fleisch, das teuer war, reduziert. Gehaltvoller war die Suppe auch mit »csipetke«, das sind Fleckerl, die zuletzt eingekocht wurden. Bei uns würde man sagen, man machte einen »Eintropf« aus einem Ei mit Mehl und etwas Wasser.
Dazu wurde das ungarische Weißbrot gereicht. Für uns Kinder gab es immer noch eine süße Nachspeise, wenn wir die Suppe brav gegessen haben. Das heißt, der Suppenteller musste leer sein, mit Brot sauber ausgewischt, dann wurde er umgedreht, und auf der »Unterseite« aßen wir dann die Mehlspeise, wie Dalken, Powidltascherln oder Kaiserschmarrn.

THOMAS AISTLEITNER

Kochen mit Kindern

Kinder lieben kochen – man muss sie nur lassen! So sieht es jedenfalls in meiner Familie aus. Meine vier Töchter und mein kleiner Sohn sind gern in der Küche dabei. Meistens bekommen sie je nach Alter ein, zwei Gänge oder auch nur Arbeitsgänge überantwortet, die sie dann mehr oder weniger allein erledigen.
Schwieriger wird es beim Essen. Jeder hat sein eigenes Lieblingsgericht, jeder mag irgendetwas ein bisschen weniger gern als die anderen. Doch da gibt es ein Rezept, auf das sich alle einigen können: Penne mit Gurken und Fisch.
Ich habe diesem Gericht einen italienischen Namen gegeben, aber bis auf die Pasta ist nichts Italienisches dran, es schmeckt eher nach Norden als nach Süden. Ich würde dieses Rezept keinesfalls für meine italienischen Freunde kochen! Ich habe das Rezept in einem Stillkochbuch gefunden, als unser erstes Baby unterwegs war, und dann nach und nach »optimiert«. Seither begleitet es uns durch die Kinderjahre und ist immer noch eine sichere Bank, wenn es darum geht, gemeinsam etwas Leckeres zu essen. Nur die Fenchelsamen, die eigentlich hineingehören – ist ja ein Stillkochbuch – die lassen wir manchmal weg. Die sind den Kindern nicht ganz geheuer. Hauptsache, die Penne sind schön schwarz – gefärbt mit Tintenfischtinte. Um die zu kriegen, muss man allerdings zum Naschmarkt. Die grünen oder ungefärbten vom Supermarkt tun es zwar auch, sind aber nicht erste Wahl.
Für Zora, 5, ist der erste Arbeitsschritt der beste: Gurken schälen, kein Problem. Die Gurkenkerne muss man zwar gar nicht entfernen, aber Zora macht das ruckzuck mit einem Löffel und isst sie alle auf ...

Österreich / Italien

Thomas Aistleitner

Penne ai cetrioli

Zutaten (für 6 Personen):

500 g Penne al nero di seppia, ersatzweise grüne oder normale Penne
300 g Lachsfilet
300 g weißes Fischfilet, möglichst grätenfrei
2 Gurken
3–4 Becher Crème fraîche
1–2 Bund Dille, gehackt
1 EL Fenchelsamen (optional)
1 unbehandelte Zitrone
Salz
Olivenöl

Schale von der Zitrone reiben. Fisch in mittelgroße Würfel (ca. zwei Zentimeter) schneiden. Salzen und mit Zitrone beträufeln. Zitronenschale dazumischen. Stehenlassen. Gurken schälen, der Länge nach vierteln. Eventuell Kerne mit einem Löffel abziehen (und gleich essen). In ein Zentimeter lange Stücke schneiden. Wasser für die Penne erhitzen. In einem großen Topf oder Wok fünf Esslöffel Olivenöl erhitzen. Die Gurken und eventuell die Fenchelsamen dazugeben. Bei mittlerer Hitze kurz(!) anbraten, bis die Gurken heiß (nicht weich!) sind. Crème fraîche dazugeben. Hitze zurückschalten. Die Crème fraîche sollte nicht kochen, nur heiß werden. Fisch dazugeben, verrühren und köcheln lassen, bis der Fisch durch ist.

Unterdessen Nudeln kochen. Die Nudeln herausnehmen, wenn sie noch ein wenig zu hart sind, da sie dann noch nachziehen (Etwas zu kernige Nudeln sind immer besser als zu weiche). Nudeln und Fischsauce vermischen, gehackte Dille dazugeben. Eventuell mit Salz nachwürzen. Dazu passt ein ganz milder Paradeisersalat mit Sonnenblumenöl und etwas weißem Balsamico (kein Zwiebel oder Knoblauch!).

Robert Dempfer

Massaman Lammcurry mit Süßkartoffeln

Vögel, die nicht fliegen können; Bäume, die keinen Schatten spenden; farbenprächtige Blumen, die nicht duften; Säugetiere, die Eier legen – das ist Australien. Kein Wunder, dass auch die australische Küche Besonderheiten aufweist. Zuerst war da das traditionelle Bush Food der Aborigines: Auf der Grundlage einheimischer Pflanzen und Tiere, nahrhaft, vielfältig, in der Zubereitung wenig raffiniert. Etwas davon hat sich gehalten: Fleisch vom Grill (Barbecue) – der anhand seiner Größe nicht von den daneben parkenden Pick Ups zu unterscheiden ist – hat grundsätzlich angekokelt zu sein. Dann dominierte die Küche der britischen Siedler, über die wir gnädig schweigen wollen. Der Hefeextrakt Vegemite ist immer noch so verbreitet wie bei uns die Frühstücksmarmelade. Er schmeckt, als ob man in eine sommerwarme Asphaltstraße beißt. Meat Pies (Pasteten gefüllt mit Fleisch, Champignons, Pfeffer) bilden die Ausnahme, die die Regel bestätigt.

Eine eigenständige australische Cuisine gibt es seit den 1970er-Jahren. Sie ist in jeder Hinsicht so vielfältig und durchmischt wie diese Einwanderer-Gesellschaft selbst: Ein Crossover aus griechisch, indonesisch, italienisch, vietnamesisch, kroatisch, malaysisch, libanesisch, thai … you name it.

Massaman Lammcurry habe ich im »Spirit House« in Yandina, Queensland, kennengelernt. Joanna, meine australische Frau, kocht es auch in Österreich. Sie ist ein furchtloser Mensch. Wenn im Rezept steht: »Karamellisieren Sie die Zwiebelringe im Backofen …«, schlage ich das Kochbuch zu und rufe den Pizzaservice. Joanna karamellisiert einfach. Massaman Curry ist nicht so schwierig zuzubereiten. Ich hätte mich trotzdem nicht als erster dran gewagt.

Wein dazu: Cabernet Sauvignon, Shiraz oder ein Cuvée, vorzugsweise aus Australien. Cheers, mate!

Österreich / Australien / Thailand

Zutaten (für 4 Personen):
2 EL Pflanzenöl
500 g Lammschlögel, gewürfelt
1 große Zwiebel, fein gehackt
1 große Süßkartoffel, groß gewürfelt
2 Tassen Kokosnussmilch
2 EL Massaman Currypaste
1/2 Tasse ungesalzene Erdnüsse, angeröstet
2 EL Palmzucker
2 EL Fischsauce
1/4 Tasse Tamarindwasser (oder 2 EL Tamarindpaste)
2 Tassen Jasminreis

Im gusseisernen Topf oder Wok:
Öl erhitzen, Fleisch scharf anbraten. Zwiebel eine halbe Minute mitrösten. Genug Wasser dazugeben, um das Fleisch abzudecken. Aufkochen, 15 Minuten köcheln lassen. Süßkartoffeln dazu. Deckel drauf und köcheln, bis die Kartoffeln halb durch sind. Fleisch und Kartoffeln abseihen, Brühe aufheben. Kokosnusscreme (ist oben in der Kokosnussmilch-Dose) dazu, Currypaste einrühren, fünf Minuten kochen. Inzwischen Erdnüsse in der Pfanne anrösten (ohne Öl!). Süßkartoffeln, Fleisch und Erdnüsse dazugeben, danach auch Kokosnussmilch, Palmzucker, Fischsauce und Tamarind. Rühren, bis sich der Zucker aufgelöst hat. Wenn nötig, Sauce mit etwas Brühe verdünnen. Köcheln, bis die Kartoffeln durch sind. Im Kühlschrank lagern, am nächsten Tag aufwärmen (nicht aufkochen!). Mit gedämpftem Jasminreis servieren.

Kochende Väter: Robert Dempfer (li.) und Thomas Aistleitner (re.) unterstützen einander beim Kochen in der Grenzenlos-Küche.

Österreich / Thailand

Harald Sattmann

Thailändischer Nudelsalat

Zutaten:
2 EL Öl (am besten Sesamöl)
2 Knoblauchzehen (gehackt)
500 g Faschiertes vom Rind (für Vegetarier statt Faschiertem Tofu zum Braten)

Für den Salat:
150 g Vermicelli (dünne Nudeln vom Asiaten)
1 Handvoll Minzeblätter (evtl. aus dem Garten)
1 Handvoll Korianderblätter (Erst vor dem Servieren drauf geben, das schaut besser aus.)
1 gr. Frühlingszwiebel in dünne Scheiben geschnitten
1 kl. rote Zwiebel in Ringe geschnitten
2 EL Ingwer in feine Streifen geschnitten
4 EL geröstete Erdnüsse gehackt
Zitronenblätter oder 1 EL Zitronengras gehackt
1 lange rote Chilischote in Streifen geschnitten
1 langer grüner Paprika in Streifen geschnitten

Für das Dressing:
2 kl. Vogelaugen-Chilis (die extra scharfen) in Ringe geschnitten
1/2 TL Chiliflocken
3 EL Fischsauce (Oystersauce)
1 1/2 TL Staubzucker
4 EL Limettensaft (kann auch mehr sein)

Öl im Wok heiß werden lassen. Knoblauch rein und ein bisschen später das Faschierte dazu geben und anbraten. Immer rühren, damit sich die kleinen Klumpen auflösen und man nichts Rotes mehr sieht. Ein bisschen Wasser dazu (drei Esslöffel) und zwei Minuten weiter dünsten. Immer rühren. Dann vom Herd nehmen und auf Raumtemperatur abkühlen lassen. Dressing herstellen und solange verrühren, bis sich der Zucker aufgelöst hat.

Die Zutaten für den Salat herrichten und dann die Nudeln nach Packungsanweisung zubereiten (normalerweise zwei Minuten im kochenden Wasser). Abseihen, mit kaltem Wasser spülen und in kurze Stücke schneiden, sonst kann man die Zutaten schlecht dazumischen. Salatzutaten in eine Schüssel geben und mit dem Dressing vermischen. Faschiertes erst dazugeben, wenn es wirklich abgekühlt ist. Sonst werden die Blätter welk.

Äthiopien

Messey Kabede

Ich kam im Sommer 2009 aus Äthiopien. Dort habe ich mit meinem Sohn Nati bei meiner Mutter gelebt. Ich spreche Orominia und Amharisch, ein bisschen Arabisch und Englisch. Deutsch fällt mir noch immer schwer.

Foto v.l.n.r.: Aida, Messey & Sarah

Injeera mit Sauce

»Injeera ist ein typisches Essen in unserem Land. Alle können das kochen. Ich habe es von meiner Mutter gelernt. Wir essen gerne Fleisch, wenn wir es haben. Aber wenn wir nicht viel Geld haben, dann essen wir Kartoffeln. Im interkulturellen Garten habe ich Kartoffeln, Karotten und Spinat angepflanzt. Ich würze gerne mit Rosmarin.«

Injeera sind Mehlfladen – ähnlich den Palatschinken.

Mehl und Germ vermischen und drei Tage lang warm stellen. Am dritten Tag mit warmem Wasser verkneten, flache Fladen formen und in Öl heraus braten – wie Palatschinken eben.
Die Sauce kannst du mit jeder Fleischart machen. Was dir halt gut schmeckt. Zwiebel klein schneiden und braun rösten. Dann Chilipulver (wir essen sehr gerne scharf!) und Tomatensauce dazu mischen. Klein geschnetzeltes Fleisch dazu geben und zehn Minuten lang braten. Mit Wasser verdünnen. Salz, schwarzen Pfeffer und eventuell Suppengewürz dazugeben und nochmals zehn Minuten dünsten lassen. Abschmecken und fertig!

Zutaten:
Mehl
Germ
Wasser
Öl
Fleisch
Zwiebel
Chilipulver
Tomatensauce
Salz
schwarzer Pfeffer
Suppenwürze

Grenzenlos Integration

Grenzenlos Integration

Was verbindet die Leute aus dem Ort mit den Leuten im Asylheim? Mit dieser Frage ist eine Gruppe von Leuten zusammengekommen und auch mit dem Wunsch, dass wir »Ansässigen« jenen »Fremden« entgegenkommen. Aber es ist eine heikle Sache, helfen zu wollen, ohne um Hilfe gebeten worden zu sein. Also machten wir uns Gedanken, was wir anzubieten haben und jene brauchen können, aber auch darüber, was wir bei ihnen suchen. Das kostbarste Gut ist Zeit, ein weiteres ist Wissen, »Knowhow«.
Also bieten jene, die die deutsche Sprache als ihr Ressort betrachten, Deutschkurse an, je individueller, umso effizienter.
Die Künstlerin und der Kunsthandwerker bieten Atelier und Werkstatt an: Ein mehrmonatiges Projekt war »Zwischen 2 Sesseln«, eine künstlerische Auseinandersetzung mit dem Objekt »Sessel«, die als Ausstellung und Kaufoption am Sommerfest zu sehen war. Da wurden alte, ausrangierte Stühle renoviert und mit Farbe in phantasievolle Sitzträume verwandelt, sichtlich geprägt von der kulturellen Tradition des Gestalters oder der Gestalterin.
Weiters bietet ein Fahrrad-»Freak« eine mobile Werkstatt an, wo alte oder kaputte Räder in funktionierende Flitzer verwandelt werden – und auch hier steht das »learning by doing« im Vordergrund. Ziel ist, dass die Teilnehmenden ihre Fortbewegungsmittel mit eigener Hand fahrtauglich machen und damit ein Stück Unabhängigkeit erlangen.
Filmschaffende machen, nein, keinen Film, sondern ein Filmtraining, d.h. auch hier wird denen, die Interesse haben, das »Filme machen« angeboten, sodass das Ergebnis zwar ein Film sein wird, aber der Weg dorthin, vom Drehbuch bis zum Filmschnitt, mit den Teilnehmenden gemeinsam gegangen wird.
Eine Tanzperformance im Jahr 2009 (auch als Film dokumentiert) war ein Projekt, das sehr dazu beigetragen hat, dass die Gruppe »Grenzenlos Integration« zusammengekommen ist.
Da gibt es auch welche, die sich mit der Rechtslage befassen und in den Paragraphendschungel eintauchen, um anderen beratend zur Seite stehen zu können. Wesentliche Arbeit im Hintergrund!
All diese Aktivitäten sind ein Angebot: Die, die Interesse, Mut und inhaltlichen Zugang haben, nehmen freiwillig teil, andere beobachten, um vielleicht bald selbst dabei zu sein. Ziel der Gruppe ist es, die Bedürfnisse und gemeinsamen Möglichkeiten besser kennen zu lernen.
Was natürlich auch stattfindet: Feiern und dabei einander näher kommen.

MARIA PRODINGER

ELISABETH NGUNGA

Fisch mit Kochbanane

Zutaten:

2–3 Fische
Knoblauchzehen
Zwiebel
Salz, Ingwer
Suppenwürfel
Kochbananen
Öl

Die Fische mit den Gewürzen füllen, in drei Teile hacken, im Backrohr braten oder im Öl frittieren. Mehrere Kochbananen (Plantains) in Scheiben schneiden, mit Salz und Knoblauch würzen und in Öl frittieren.

Elisabeth kommt aus dem Dorf Matadi im Kongo. Dort hat sie mit ihrem Mann und ihren drei Kindern – Shin und den Zwillingen Nene und Pauja – gelebt, bevor sie nach Österreich kam. In ihrer Region gibt es viele fischreiche Flüsse und Seen. Daher ist es für Elisabeth üblich, etwas mit Fisch zu kochen. Sie liebt aber auch Gemüse wie Spinat, Süßkartoffeln, Bohnen und natürlich Fufu.
Elisabeth spricht Lingala, Kikuyu, Französisch und auch schon ein bisschen Deutsch. Sie besucht regelmäßig die Deutschkurse vom Verein Grenzenlos.

Österreich

RENATE SOVA

Faschierter Braten mit Erdapfelpüree

Fleisch würzen, alles vermischen und in einer Auflaufform eine Stunde lang bei 220 °C braten.
Erdäpfel schälen, in Stücke schneiden und mit etwas Wasser und Salz weich kochen. Mit dem Kartoffelstampfer zu Püree verarbeiten, etwas Milch und 1/8 Kilogramm Butter hinein rühren, mit Muskatnuss abschmecken.

Zutaten:

Für den Braten:
1/2 kg Bio-Faschiertes (Rindfleisch oder gemischt Rind-Schwein)
2 Zwiebeln klein geschnitten
1 Semmel oder 2 Scheiben Vollkornbrot
Salz
Pfeffer
Schnittlauch oder Bärlauch

Für das Erdäpfelpüree:
1 kg mehlige Bio-Erdäpfel
Milch
1/8 kg Butter
geriebene Muskatnuss

Ich bin 1998 nach Greifenstein gezogen und seit damals der Gegend treu geblieben – wenn auch mit vielen Wechseln: Greifenstein, Höflein, St. Andrä-Wördern, jetzt Zeiselmauer. Ich unterrichte ehrenamtlich im ÖJAB-Heim Greifenstein Deutsch und gehe leidenschaftlich gerne grenzenlos singen.
Faschiertes mit Püree haben wir als Kinder oft von unserer Omi bekommen, wenn sie bei uns auf Besuch war. Bis heute habe ich niemanden gefunden, der so gut den Faschierten Braten macht wie sie. Meine Großmutter kam aus der Lunzer Gegend in Niederösterreich und ist somit meine einzige österreichische Vorfahrin neben allem Tschechischen, was in mir ist.
Dobrou chut

René Rodríguez Mina & Monika Vyslouzil

Escabeche
Ensalada de verduras – Gemüsesalat

Ingredientes / Zutaten:

Zanahorias – Karotten
Cebollas – Zwiebel
Brócoli – Brokkoli
Coliflor – Karfiol
Ejotes – Fisolen
Orégano – Oregano
Hojas de Laurel – Lorbeerblätter
Vinagre – Essig
Aceite de Oliva – Olivenöl
Sal – Salz
Mostaza (opcional) Senf (wenn gewünscht)
Chile (opcional) – scharfe Sauce (wenn gewünscht)

Procedimiento:

Corte las verduras en pequeños trozos y cocínelos a fuego moderado hasta que ablanden moderadamente, no muy suaves.
Escurra el agua y viértalos sobre otro recipiente donde pueda sazonarlos con el vinagre, el orégano, la sal y las hojas de Laurel. Todos los ingredientes juntos se revuelvan y fianlmente le agrega el aceite de oliva al gusto; de igual manera, la mostaza y el chile que son opcionales.
Sírvase fría en porciones personales.

Zubereitung:

Das Gemüse in kleine Stücke schneiden und bei mittlerer Hitze im Wasser bissfest kochen. Wasser abseihen und Gemüse mit den Kräutern, Salz und Essig würzen. Danach Olivenöl darüberleeren. Die Menge ist vom persönlichen Geschmack abhängig, genauso die Zugabe von Senf und scharfer Sauce.
Den Gemüsesalat kalt in kleinen Portionen servieren.

Wir haben uns 1983 in den USA kennengelernt. Viele Jahre haben wir viele Briefe geschrieben und so jeweils am Leben des/der Anderen teilgenommen. Nach einer Pause von ca. 9 Jahren haben wir uns wieder gefunden und sind seit 2008 glücklich verheiratet. René ist nach Wien übersiedelt und hat an seinem zweiten Tag in Europa Bekanntschaft mit Grenzenlos Kochen gemacht.

El Salvador 113

René Rodríguez Mina & Monika Vyslouzil

Potato Pie Pastel de papas – Kartoffelpfanne

Procedimiento:
Corte las papas o patatas en rodajas; los tomates y las cebollas, en pequeños trocitos. Ponga las papas a sofreír en aceite de oliva y revuelva eventualmente. Que no se cocinen totalmente, luego agregue la cebolla picada y los tomates en trocitos.
Termine de cocinar los ingredientes juntos hasta que ablanden, cúbralos y baje la temperatura o el fuego. Bata los huevos y mezcle con el queso de su preferencia; agregue el cilantro y el perejil picado y revuelva todos los ingredientes. Descubra las papas y viértales la mezcla de los huevos con el queso, cilantro y perejil. Deje cocinar a fuego lento y espere hasta probar que el pastel se desprenda de la cacerola y pueda ser cortado en porciones.
Sírvase caliente.

Zubereitung:
Die Kartoffeln in dünne Scheiben schneiden; Tomaten und Zwiebel in kleine Stücke. Die Kartoffelscheiben in Olivenöl anbraten und dabei einmal wenden. Bevor sie fertig gegart sind, Zwiebel- und Tomatenstücke dazugeben. Alle Zutaten auf kleinem Feuer in der Pfanne weich garen. Die Eier rühren und mit Käse, geschnittenem Koriander und Petersil mischen. Die Eimasse über die Kartoffel-Zwiebel-Tomatenmischung gießen. Alles auf kleiner Flamme weiterkochen, bis die Eimasse stockt, die Masse nicht mehr an der Pfanne klebt und in Stücke geschnitten werden kann. Die Stücke warm servieren.

Ingredientes/ Zutaten:

Papas o Patatas – Kartoffeln
Tomates – Tomaten
Cebollas – Zwiebel
Perejil – Petersilie
Paprika (opcional) – Paprika (wenn gewünscht)
Cilantro – Koriander, frisch
Queso al gusto – Käse nach Geschmack
Huevos – Eier
Aceite de oliva – Olivenöl
Sal al gusto – Salz nach Geschmack

Nota: La proporción de las porciones equivale a un huevo y dos o tres patatas medianas por persona.
Las cantidades de perejil, sal y cilantro son relativas al gusto.
Anmerkung: Im Verhältnis ein Ei und drei mittelgroße Kartoffeln pro Person verwenden. Die Mengen von Petersilie, Koriander und Salz hängen vom persönlichen Geschmack ab.

Margarete Holzinger

Waldviertler Mohnzelten

Zutaten:

Teig:
450 g Erdäpfel
750 g Mehl
370 g Butter
3 Eier
1/2 Becher Sauerrahm

Fülle:
150 g Butter
75 g Honig
300 g Mohn
300 g Staubzucker
1 Pkg. Vanillezucker, Rum

Für den Teig Erdäpfel dämpfen und durch die Erdäpfelpresse drücken. Die übrigen Zutaten zugeben und verkneten. Für die Fülle Butter und Honig erwärmen, Mohn, Staubzucker, Vanillezucker und Rum zugeben und kurz aufkochen lassen. Den Teig in gleich große Stücke teilen, mit Fülle belegen und zu Knödeln formen. Die Knödel auf ein mit Backpapier belegtes Backblech geben und flach drücken. Bei 200 °C 15 Minuten lang backen, umdrehen und weitere 15 Minuten backen.

Foto v.l.n.r.: Renate Sova, Margarete Holzinger

PETER MLZOCH

Lachsnudeln à la Pietro

Für 4 Personen koche man(n, ja das kann auch er)
500 Gramm (=1 Sackerl) grüne Bandnudeln (Salz und 1 Spritzer Olivenöl nicht vergessen, Wasser sowieso).
Einstweilen röstest du geschnittenen Zwiebel in einer Pfanne goldbraun und gibst sodann in Streifen geschnittenen Räucherlachs dazu (knausere nicht, nimm die 200 g Packung).
Wenn das Ganze schön brutzelt, gibst du Crème fraîche (oder sauren Rahm) und eventuell noch einen Becher Joghurt dazu und vermischst es, bis eine schöne Sauce draus wird.
Die »al dente« gekochten Nudeln mischt du mit der Sauce und servierst das Ganze heiß.
Ja, und dann freust du dich, dass es allen schmeckt.

Zutaten:

500 g Bandnudeln
1 großer Zwiebel
200 g Räucherlachs
1 Becher Crème fraîche oder Sauerrahm
evtl. 1 Joghurt
Salz
Olivenöl

Grenzenlos Singen

Grenzenlos Singen

Afghanisches Lied oder Austriakisches Jodeln: Singen verbindet über alle sprachlichen und sonstigen Barrieren hinweg. Diese Erfahrung kann man jeden Monat im ÖJAB Haus für Asylwerbende in Greifenstein machen. Zwei Stunden lang wird zwar nicht immer richtig, aber dafür immer herzhaft gesungen, getrommelt und gelacht.

Wir sind kein Chor und proben daher nicht immer dieselben Lieder. Neue HeimbewohnerInnen werden eingeladen, Lieder aus ihrer Heimat zu singen. Der Refrain kann dann von allen gesungen oder gebrummt werden, denn dazu muss man nicht einmal die Worte verstehen, die man singt.

Singen verbindet, weil Gefühle geweckt und miteinander geteilt werden und das geht alles so schön nonverbal. Wir haben viel Spaß, doch kann ein Lied auch mal traurig stimmen und das gehört ja auch dazu.

Zu manchen Liedern wird auch getanzt – und da wird's auch mal ausgelassen.

Meist hält sich die Zahl der TeilnehmerInnen aus dem Heim und aus dem Ort die Waage. Asylwerbende haben keine gesicherte Zukunft und daher wechseln die SängerInnen aus dem Heim oft. Beim Grenzenlos Sommerfest wird ums Lagerfeuer gesungen – da erweitert sich der Kreis der Teilnehmenden …

Das Singen bietet die Möglichkeit, Menschen aus vielen unterschiedlichen Ländern und ihre Bedürfnisse nicht nur kennenzulernen, sondern auch eine Beziehung zu ihnen aufzubauen. Damit lassen sich Grenzen in den Köpfen abbauen – und das ist vielleicht das Wichtigste am »Grenzenlosen Singen«.

Peter Mlczoch

Grenzenlos Singen 119

Österreich

Franz Meister

Es gibt allerlei kulinarische Schweinereien – vom Schnitzel bis eben zur Stelze. Und Selbige gilt es nun hier vorzustellen. Ganz wichtig ist es, sich Zeit zu nehmen – nicht nur für den finalen Genuss, sondern vor allem für die Vorbereitung. Somit führt das Rezept hier nun nicht zu fast food.

Die Stelze

Zutaten:
1 Schweinsstelze
Kümmel
Knoblauch
Salz
Pfefferkörner
Bier
Kren

Die Stelze waschen und in einen großen Topf mit Wasser geben. Salz, Pfefferkörner, Kümmel, Knoblauch dazugeben und ca. zwei Stunden köcheln lassen (Die Kochzeit hängt von der Größe der Stelze ab). Stelze herausnehmen und kurz abkühlen lassen, dann schröpfen (sprich die Schwarte in Karomuster einschneiden). Die Schwarte kann nun mit Salz und zerdrücktem Knoblauch eingerieben werden.

Backrohr auf 200 °C vorheizen.

Die Stelze auf den Rost legen und ein Backblech darunter schieben. Ins Backblech ca. einen cm hoch Wasser geben. Stelze bei Umluft 220 °C knusprig braun braten.

Entweder mit Bratensatz und/oder mit Bier übergießen, um die Kruste noch knuspriger werden zu lassen.

Beilagen:
All jenen, denen so eine Haxn nicht genug ist, eröffnet sich einen große Vielfalt: Erdäpfelknödel, Hefeknödel und Sauerkraut seien hier exemplarisch vorgestellt.

Das Rezept hat viele Namen.
Englisch: knuckle of pork, Tschechisch: veprova noha bzw. Haxn. In Österreich einheitlich: Stelze. Nur in den deutschen Landen gilt nomenklatorische Vielfalt: Eisbein, Hachse, Hechse, Haxe, Haspel, Hämmche, Bötel oder Knöchla, In der Schweiz: Gnagi.

Deborah Haslimann & Anna Gruber

Chröpfeli

Zutaten:
Blätterteig
Himbeermarmelade

Dreiecke aus dem Blätterteig schneiden. Jedes zweite Dreieck mit Marmelade bestreichen, mit einem weiteren Blätterteigdreieck bedecken und die Ränder mit einer Gabel zusammen drücken.
Im Ofen bei 180 °C ca. 30 Minuten backen bis der Teig goldbraun ist.

Die Chröpfeli wurden von Deborah Haslimann (Schweizerin) mit Unterstützung von Anna Gruber gemacht. Es handelt sich um ein einfaches Rezept mit einer romantischen Geschichte: Wenn sich ein Paar verlobt, stellen sich dessen Freunde am Abend des Alt Fasnachtssonntags vor dem Haus des Paares auf und singen neckische und zärtliche Lieder. Als Dank lässt das Liebespaar an einem Seil einen Korb mit Chröpfeli und Wein zu den Sängern herunter. Aber nur, wenn die Sängergruppe »No mee Chrööpfeli« ruft.

Österreich / Frankreich / Griechenland

Anna Gruber

Warmer Schafkäse im Dattelmantel

Zutaten:
Datteln
Feta

Frische Datteln bis zum Kern längsseitig einschneiden und entkernen. Feta in rechteckige Stücke schneiden und die Datteln damit befüllen. Im Ofen bei 180 °C ca. 15 Minuten grillen, bis der Käse bräunlich wird. Vorsicht, keine Unterhitze verwenden, da sonst die Datteln leicht verbrennen! Lauwarm zum Aperitif servieren.

Ich bin in einer sehr internationalen und reisefreudigen Familie aufgewachsen und habe es immer als Bereicherung gesehen, verschiedene Kulturen zu kennen und voneinander zu lernen. In meiner großen und weit verstreuten Familie war der Esstisch immer ein Treffpunkt und ein Platz der Kommunikation. Die Nahrung und die Traditionen ums Essen sind oft der erste Ansatzpunkt einer Kontaktaufnahme. Bei jedem Kochabend freue ich mich auf die neuen Speisen und Leute, die ich kennenlernen darf.

Grenzenlos Fussball

Grenzenlos Fussball

So hat alles begonnen:
Im Jahr 2004 haben wir den Verein »Grenzenlos St. Andrä-Wördern« gegründet.
Ein Jahr später hat unser Vorstand das Jungarbeiterheim in Greifenstein besucht. Dort habe ich viele junge Burschen aus der ganzen Welt kennengelernt. Ich habe sofort gespürt, dass wir etwas gemeinsam haben: Es könnte uns Spaß machen, wenn wir gemeinsam Fußball spielen. Fußball wird ja überall auf der ganzen Welt gespielt und das Ziel ist immer das Gleiche: Tore schießen!
Bei der nächsten Vorstandssitzung habe ich meine Idee vorgestellt und alle haben zugestimmt. Besonders bin ich vom damaligen Obmann Jürgen Schneider unterstützt worden. Er hat sich sehr bemüht und seine Kontakte aktiviert. Ein paar Wochen später hatten wir schon zwei Dressen, viele Paar Fußballschuhe und einige Bälle gespendet bekommen. Die Heimleiterin Marianne Haider hat uns den Platz zur Verfügung gestellt. Somit hatten wir das Wichtigste beisammen. Ich habe die Burschen sofort informiert und die waren begeistert.
Am Anfang haben wir einmal, manchmal zweimal pro Woche trainiert. Bald haben wir erste Turniere, organisiert von der Gemeinde St. Andrä-Wördern, bestritten und unsere ersten Pokale gewonnen. Weitere Spiele folgten, bei denen wir viel Spaß hatten und viele neue Bekanntschaften und Freunde gewonnen haben.

Highlights bei Grenzenlos Fußball:
Im Sommer 2007 fanden auf der Marswiese in Neuwaldegg wöchentlich Freundschaftsspiele statt.
2007 und 2008 nahmen wir in der Afrika-Liga Wien – gemeinsam mit elf anderen Mannschaften – an einem Turnier teil, das länger als zwei Monate dauerte. Wir bekamen viele Einladungen zu Turnieren mit Wiener Mannschaften aus Afrika, Asien und dem »Rest der Welt«.
Wir waren auch bei den vom ÖJAB organisierten »Flüchtlingsturnieren« sowie bei »Kick Racism« 2010 in Tulln dabei. Unser größtes Highlight war aber, als wir im Juni 2010 selbst ein sehr erfolgreiches Turnier mit acht Mannschaften in Wien organisiert haben.
Seit 2009 mieten wir nun in den Wintermonaten eine Turnhalle in St. Andrä-Wördern, um auch in der kalten Jahreszeit einmal wöchentlich trainieren zu können.
An dieser Stelle: ein GROSSES Dankeschön an alle, die mitgeholfen haben, dass Grenzenlos Fußball ein so großer Erfolg geworden ist, vor allem an Mahmud Quasemi, der mich bei der Organisation immer sehr unterstützt hat.

Bereits Tradition hat unser Sommerfestturnier beim alljährlichen »Grenzenlos Sommer«.

MOHAMED TLIG

Flip Maas

»Jeder Nachteil hab' sei' Vorteil« oder was Johan Cruijff mit einer Apfeltorte zu tun hat!

Dass der holländische Fußball zu den besten der Welt gehört und Johan Cruijff noch immer als einer der besten Spieler aller Zeiten gilt, darf als bekannt angenommen werden. Ballzauberer Cruijff hat wie kein Anderer mit seinen Auffassungen, wie Fußball zu spielen ist, den Weltfußball geprägt. War Cruijff spielerisch unvergleichbar, so ist er das auch in seinen Aussagen: einzigartig, mit einer unübertroffenen Wahrheit: Cruijff gilt als ein Orakel, mit Amsterdamm'schem Akzent. Was wäre die niederländische Sprache ohne Cruijffianische Worte, seine Direktheit, seine Einfachheit, seine organisierte Chaoskreativität?

Schauen wir mal auf die Apfeltorte:

Wir nehmen 350 Gramm Mehl (die massige Defensive), 250 Gramm Butter (das geölte Mittelfeld) und 150 Gramm Zucker (der geschmeidige Stürmer). Versuche, diese Zutaten mal zu einem zusammenhängenden Ball zu kneten (»da war genügend Tumult, aber das Zusammenspiel war ein komplettes Chaos«). Das ist schon schwierig, aber unabdingbar (»wenn es nicht gut geht, geht es nicht gut«). Lass den Ball an einem kühlen Ort, mit einem Tuch abgedeckt, eine Stunde ruhen (»Wenn du auf Ballbesitz spielst, brauchst du nicht zu verteidigen«).

Sechs bis acht große Äpfel sollten jetzt mit einem Hobel zerkleinert werden (das Zusammenspiel fängt an). Wir brauchen für die Füllung auch noch 100 Gramm Zucker, gemischt mit zwei Packungen Vanillezucker (»Ohne den Ball kannst du nicht gewinnen«).

Niederlande

Den Teig versuchen wir, nachdem wir ihn ausgerollt haben, jetzt großteils in einer größeren geölten Springform am Boden und an den Rändern zu verteilen (»Fußball spielen ist ganz einfach, aber das schwierigste ist es, ein einfaches Fußball zu spielen«). Manchmal gelingen größere Stücke gleich, aber öfters wird er zerbröckeln und dann müssen wir uns etwas anstrengen, um wieder ein Ganzes daraus zu machen (»Qualität ist Nummer 1, aber Qualität muss immer dem Ganzen dienen«). Wenn das irgendwie gelungen ist, können wir auf's Tor gehen: Verteile die geriebenen Äpfel und mische mit jeder Apfelschichte einen Teil der Vanillezuckermischung (»Du siehst es erst, wenn du es verstehst«). Was vom Teig übriggeblieben ist, kannst du auf der Torte in kleinen Streifen verteilen. Wir sind fast beim Tor: Pausenlos stellen wir die Torte 75 Minuten (»Es gibt nur einen Moment, dass du zur richtigen Zeit da bist. Bist du nicht da, dann bist du entweder zu früh oder zu spät«) in den auf 160 °C aufgeheizten Backofen (»Schau, der Ball muss minimal zwischen den zwei Stangen hinein gehen«). Danach etwas abkühlen lassen.

Und dann das wirkliche Wunder: Eine Herrlichkeit steht für uns bereit: TOR!!!! (»Du musst immer dafür sorgen, dass du ein Tor mehr schießt als die Anderen«). Aber pass auf (»Jeder Nachteil hab' sei' Vorteil«), lade nicht zu viele Gäste zum Mitnaschen ein, denn: »gibst du ihnen nur eine Chance, schießen sie zwei Tore«. Und ist die Torte nicht direkt auf Anhieb gelungen (»Es gehört zum Fußballgesetz, dass auf einen Erfolg oft eine Enttäuschung folgt«) – noch mal versuchen: »Wenn du mit 4:0 führst, ist es besser, zwei Bälle an die Querlatte zu schießen, weshalb die Leute Uh und Ah rufen, weil wenn du das 5:0 machst, ist es nur für den Stand.«

Und wenn das alles nicht klar genug ist: »Wenn ich wollte, dass du es verstehst, hätte ich es besser erklärt«, weil »das Schwierige eines einfachen Matches liegt darin, einen schwachen Gegner schlecht spielen zu lassen«.

Alle Zitate sind Originalzitate vom Fußball- und Sprachkünstler Johan Cruijff, aus dem Niederländischen (Amsterdammischen) von Flip übersetzt.

Und wer es dennoch wagt, dieses Rezept der »Appeltaart« zu versuchen, für den gibt es nun die

Zubereitung – Siehe oben im Text

...... TOR, TOR, TOR, TOR; TOR !!!!!!!!!!!!!

Am besten schmeckt die Appeltaart, wenn sie noch etwas warm ist, garniert mit Schlagobers. Herrlich, zergeht auf der Zunge. Und dann der süße Duft!

OLÉ, OLÉ, OLÉ, OLÉ, OLÉ, OLÉ, OLÉ, OLÉ, OLÉ ....

Zutaten:

350 g Mehl (Verteidigung)
250 g Butter (Mittelfeld)
150 g Zucker (Sturm)
6–8 große geschälte (nicht zu saure) Äpfel (das Zusammenspiel ...)
100 g Zucker (... & weiterkombinieren)
2 Pkg. Vanillezucker (Vorlage)
etwas Butter/Öl zum Einfetten der Form (der rutschige Boden)

ABUELGASIM IBRAHIM

Melanzanisalat

Zutaten:

1/2 kg Melanzani
1 Erdnusscreme
3 Zitronen
1/4 kg Tomaten
1 Bund junge Zwiebeln
3 Zehen Knoblauch
3 Paprika
Öl, Salz und Pfeffer

Melanzani waschen, die Spitzen abschneiden und in Scheiben schneiden. In viel Öl herausbraten, bis sie goldgelb sind. Anschließend pürieren. Tomaten, Zwiebel und Paprika waschen und klein schneiden, Knoblauch fein hacken und Zitronen auspressen. Alles zum Melanzani-Püree geben und mischen. Erdnusscreme unterrühren und zuletzt mit Salz und Pfeffer abschmecken.

Abuelgasim hat in seiner Heimat Sudan noch nicht gekocht, erst in Österreich. Aber er weiß, wie man es macht. Denn er hat seiner Mutter und seinen Schwestern zugeschaut.
Beim Grenzenlos Sommerfest hat Abuelgasim Melanzanisalat gemacht. Dieser wird im Sudan immer zu Festen gemacht: bei Hochzeiten zum Beispiel. Dazu gibt es viele andere Gerichte: gebratenes Lammfleisch und Huhn, dazu Saucen und Gemüse. Wenn Gäste zu Besuch kommen, kocht einer für alle. Es gibt kein Büffet, sondern ein riesiges Tablett mit verschiedenen Gerichten auf vielen kleinen Tellern. Wer etwas will, bedient sich einfach. Einen eigenen Teller hat man nicht.
Gebratenes Fleisch ist knapp und gibt es nur zu besonderen Anlässen – zum Beispiel bei Hochzeiten oder Geburtstagen. Oder wenn man im Ausland war und wieder zurück kommt. Dann wird ein Schaf geschlachtet, entweder von der Braut, dem Bruder, einem Nachbarn oder dem Besitzer des Tieres, von dem man es gekauft hat. Nach islamischer Tradition muss das ganze Blut aus dem Tierkörper entfernt werden und vor der Tür bleiben. Dazu kann man auch Melanzanisalat machen. Der passt immer.

Äthiopien

DERGEY GUDISSA & MULUGETA MENGESHA

Dorowot – Äthiopisches Huhn

Geschnittene Zwiebeln im Öl auf kleiner Flamme braten. Wenn es anfängt, lecker zu riechen, gibst du Chili dazu, damit es scharf wird, außerdem gehackten Knoblauch und geriebenen Ingwer. Mit Hühnerbrühe aufgießen, Tomatenmark dazu geben und ca. zehn Minuten kochen lassen. Salz und Pfeffer dazu.

In der Zwischenzeit schneidest du das Huhn, das du zuvor mit etwas Salz und Zitrone eingerieben hast, in Stücke und gibst es mit den restlichen Gewürzen in die Sauce. Wenn du magst, kannst du auch Tomaten dazu geben. Der Eintopf wird bei schwacher Hitze etwa eine Stunde gekocht. Du schälst die harten Eier, stichst mit der Gabel ein Loch hinein und gibst sie im Ganzen die letzten zwei Minuten dazu.

Zutaten:

1 Huhn
6 Zwiebeln (am besten rot)
5 Knoblauchzehen
2,5 l Hühnerbrühe
4 Eier (hartgekocht)
2 EL Tomatenmark
je 1 TL Nelken (gemahlen), Muskatnuss, Kardamonsamen, Koriander (gemahlen) und Zimt
Chili nach Geschmack
10 g frischer Ingwer
1 Zitrone
Salz, Pfeffer und Öl
evtl. 400 g gehackte Tomaten

Dergey und Mulugeta haben auf dem Grenzenlos Sommerfest das äthiopische Gericht Dorowot – Huhn mit Sauce – gekocht. Dorowot gibt es nur zu einem Fest, zum Beispiel zu Ostern oder bei Hochzeiten. Da wird es dann von allen Leuten zubereitet. Sonst isst man Bohnen und Linsen, aber auch Kartoffeln und Zwiebeln. Daraus bereitet man auch verschiedene Saucen zu. Dazu gibt es Injeera (weiches gesäuertes Fladenbrot, Rezept auf Seite 105). Die Saucen werden darauf gegeben und man isst ein Stück Injeera mit den Händen. Auch mal mit Fleisch, obwohl es teuer ist.

Lisa Liesner hat Abuelgasims, Dergeys und Mulugetas Rezepte zusammengefasst.

ALEJANDRO VIVEROS

Empanadas de Pollo (Hühnchenfülle)

Empanadas sind in allen lateinamerikanischen Ländern bekannt. Laut Gerüchten stammen sie aus der Provinz Salta, aus der auch ich komme. Am beliebtesten sind Empanadas mit Rindfleischfüllung (»empanadas de carne«), allerdings werden auch Empanadas mit Huhn und Thunfisch gerne gegessen ("empanadas de pollo o de atun"). Abhängig von der Region werden sie in einem Steinofen zubereitet oder einfach nur frittiert. In Südamerika bekommt man sie in jedem Restaurant, jeder Bar, und an jeder zweiter Straßenecke findet man einen Empanadasimbiss. Mittlerweile sind auch schon in St. Andrä-Wördern und Umgebung Empanadas sehr bekannt. Hier ein Rezept über die berühmten Empanadas de Pollo.

Zutaten:

Teig:
400 g glattes Mehl
3 EL Olivenöl
300 ml Wasser
etwas Salz
(oder einfach fertigen Blätterteig kaufen)

Fülle:
500 g Hühnerfilet
2 kleine Zwiebeln
1 gepresste Knoblauchzehe
3 Kartoffeln
3 Eier
Schnittlauch
Salz, Pfeffer
Paprikapulver
Öl

Alle (Teig-)Zutaten in einem Teigmischer zu einem glatten und gleichmäßigen Teig verrühren (Er sollte »medium« sein – nicht zu weich und nicht zu hart). Danach den Teig eine Stunde im Kühlschrank ruhen lassen. Anschließend kleine Stücke vom Teig nehmen und daraus mit einem Nudelholz Kreise ausrollen (ca. zehn Zentimeter Durchmesser). Nun kann man die Hühnerfülle in die Mitte der Scheibe geben.

Zwiebeln klein würfeln und gemeinsam mit einer gepressten Knoblauchzehe in etwas Öl in einer Pfanne goldgelb anrösten. Anschließend klein geschnittenes Hühnerfilet dazugeben und mit Pfeffer, Salz und Paprikapulver abschmecken.
In einem Topf die klein gewürfelten Kartoffeln in Salzwasser bissfest kochen und abseihen. Die hartgekochten Eier in kleine Stücke schneiden und gemeinsam mit den Kartoffeln in die Pfanne geben. Einen halben Bund Schnittlauch klein schneiden und am Schluss untermischen. Alles gut durchrühren.

Die Ränder des Teiges mit etwas Wasser befeuchten und die Empanadas zu halbmondförmigen Teigtaschen zusammenklappen. Damit die Fülle

nicht auslaufen kann, die Ränder gut verschließen. Das geht am besten, indem man den Teigrand mit den Zinken einer Gabel festdrückt.

Die Empanadas kann man entweder auf einem Blech im Backofen ca. zehn bis zwölf Minuten bei 200 °C backen oder in einer Pfanne in erhitztem Öl von beiden Seiten ungefähr eineinhalb Minuten frittieren bis sie goldbraun sind (bei Empanadas aus Blätterteig ist dies nicht zu empfehlen).

ALEJANDRO VIVEROS

Guiso de Arroz o Fideo Eintopf mit Reis oder Nudeln

Zutaten:
1 Zwiebel, klein gehackt
1/2 Paprika, klein geschnitten
1 Knoblauchzehe, klein geschnitten
1 Kartoffel, klein gewürfelt
1 Karotte, in dünne Scheiben geschnitten
Etwas Öl
1/2 kg Rindfleisch, faschiert oder in kleine Stücke geschnitten
300 g Reis oder Nudeln
1 Dose Tomatensauce
1/4 l Gemüsesuppe
1 Lorbeerblatt
Salz, Pfeffer, Paprika

In einem Topf Öl leicht erhitzen, Zwiebel, Knoblauch und Paprika dazugeben und kurz anrösten. Dann die Tomatensauce und schließlich das faschierte oder kleingeschnittene Fleisch hinzufügen. Salz, Pfeffer, Paprika sowie das Lorbeerblatt beigeben und einige Minuten köcheln lassen.

Anschließend den gewaschenen Reis oder die Nudeln dazugeben. Kartoffel, Karotte, etwas mehr Salz und Pfeffer dazufügen. Mit Gemüsesuppe aufgießen, durchrühren und auf kleiner Flamme kochen lassen (mit Reis etwa 18 Minuten, mit Nudeln etwa zehn Minuten). Stehen lassen, bis Reis oder Nudeln einen Großteil der Flüssigkeit aufgenommen haben.

Muy buen apetito!

Alejandro lebt mit seiner Frau Karin, seinen beiden Söhne Pablo und Nicolá seit 2002 glücklich in St. Andrä-Wördern, wo er eine neue Heimat gefunden hat.

Alejandro ist auch für Grenzenlos Sport die Ansprechperson.

Frankreich / Westafrika

PHILIPPE JUILLOT

Okra und Champignon Curry

Knoblauch, Ingwer und Chili mit drei Löffeln Wasser in der Küchenmaschine zu einer homogenen Paste mixen.

Öl in einem großen Topf erwärmen, Koriander, Kümmel, Kardamon und Curcuma dazu geben und eine Minute rösten.

Knoblauchpaste, Tomaten und das übrige Wasser dazu geben, gut rühren und die Champignons und Okraschoten hinzufügen, wieder rühren, zum Kochen bringen. Dann die Hitze reduzieren, zudecken und fünf Minuten köcheln lassen.

Deckel abnehmen, und mit etwas mehr Hitze kochen, bis die Okraschoten weich sind, aber nicht zerfallen (etwa 5 bis 10 Minuten).

Mit Basmatireis servieren.

Zutaten (für 4 Personen):

4 Knoblauchzehen
1 frisches Ingwerstück, ca. 2,5 cm lang, grob geschnitten
1 bis 2 Chilischoten, zerhackt
17 cl kaltes Wasser
1 EL Öl
1 TL Koriander
1 TL Kümmel
2 Kardamonschoten, zerstoßen
1 Prise Curcuma
400 g Tomaten, in Würfeln geschnitten
450 g Champignons
250 g Okraschoten, in 1 bis 1,5 cm Stücke geschnitten (frische sind wesentlich besser als aus der Dose)

Dieses Rezept ist nicht aus meinem Heimat-/Ursprungsland ... übrigens, wo ist meine Heimat: in Frankreich, in Österreich? In der Zwischenzeit (ich bin seit 26 Jahren in Österreich) weiß ich es nicht mehr! Ich fühle mich in beiden Ländern daheim und bei bestimmten Situationen in beiden Ländern fremd. Beim näheren Betrachten des Wortes Heimat wird's klar: Heim.at

DeineMeineUnsere

SILVIA BOTH erarbeitete »DeineMeineUnsere«, ein Stück über Emigration mit AsylwerberInnen – uraufgeführt bei »Österreich tanzt« 2009, im Rahmen der Traiskirchner Kunststücke. Weitere Aufführungen waren zu sehen bei KulturLandSchaffen 2009 und tanzwut Festival 2009 im KosmosTheater.

Zum Stück
Man nennt es Emigration. Vertreibung ist ein anderes Wort dafür. Vom Abstraktem zum nahen Umfeld. Weggehen müssen, woanders hingehen, ist in meiner Familie kein Fremdwort, sondern erlebte Geschichte. Wenn ich um mich blicke, kommt mir das Thema unentwegt entgegen. Ich lebe in Greifenstein in Niederösterreich – einer Region, in der Menschen aus 71 Nationen leben und versuchen ein, nein, ihr zu Hause zu finden. Diese Flüchtlinge, AsylwerberInnen, MigrantInnen sind mir ein besonderes Anliegen. Sie alle haben etwas gemeinsam – Sie mussten ihre Familien und ihre Heimat verlassen. Ob sie bleiben dürfen, Österreich zur neuen Heimat werden kann, wird sich erst weisen.

Mitwirkende
Silvia Both, Shukri Abdi, Mustapha Babou, Anna Hauer, Munira Mahad, Barrie Abdulai Malick, Franz Meister, Walter Pöffel, Mahmud Qasemi, Mohamed und Adama;

Shukri Abdi darf in Österreich bleiben und hat seit September 2009 einen positiven Bescheid.
Mustapha Babou wurde noch im Dezember 2009 in seine Heimat zurück geschickt. Seine Zukunft ist ungewiss. Die restlichen DarstellerInnen/AsylwerberInnen warten seit ca. 1 bis 8 Jahren auf eine positive Zusage und hoffen auf eine NEUE HEIMAT.

Inhalt

Projekte, Aktivitäten und Geschichten rund um Grenzenlos

»Grenzenlos integriert niemanden« 3
GRENZENLOS KOCHEN 4
Nachbarn, die nicht wegsehen 14
GRENZENLOS DEUTSCH 24
»Was macht ihr eigentlich mit euren Einnahmen?« 26
Grenzenlose Vielfalt 27
Grenzenlos Deutsch – Gelebte Integration 28
Sprache verbindet 29
GRENZENLOS LITERATUR 38
GRENZENLOS WERKSTATT 46
Zu Gast bei Grenzenlos 52
GRENZENLOS SOMMER 64
Gemeinsam feiern verbindet 66
GRENZENLOS PUPPENBÜHNE 72
Domane Asmên – Kinder des Himmels 80
Die Unruhe Privatstiftung & die SozialMarie 81
Der Interkulturelle Naturgarten Greifenstein 82
Zwischen zwei Sesseln 90
GRENZENLOS SPIELEN 94
Kochen mit Kindern 100
GRENZENLOS INTEGRATION 106
GRENZENLOS SINGEN 116
GRENZENLOS FUSSBALL 124
DeineMeineUnsere 136

Rezepte

Die Hühnersuppe
(Goldene Suppe, Goldene Joich -jüd.) 8
Erdnuss-Huhn 10
Ellas Cookies 11
Tiramisu-Pralinen 12
Sabine's Salat 13
Kartoffelgratinée 16
Mangoldstrudel 16
Speckkipferln 18
Erdäpfelsuppe mit Maroni & Sellerie 19
Karottensuppe – indisch gewürzt 20
Eier mit Zwiebel und Tomaten 21
Buchteln mit Pesto 22
Baiser mit Birnen & Brimborium 30
Obstspieße im Schokomantel 31
Kekstorte 32
Parmigiana di Melanzane (Melanzaniauflauf) 33
Cranachan 34
Sachertorte laut Papa 36
Kürbisstrudel mit falschem Blätterteig 42
Piroggen (gefüllte Germtascherln) 43
Domlyama 44
Russische Pelmeni (Teigtäschchen) 44
Süßer Couscous mit Zwetschkenkompott 49
Palak Paneer (Spinat mit indischem Käse) 50
Topfenstrudel 53
Striptease 54
Stephy-Omi-Toast 55
Spätherbstromanze & gegrillte Brachse 56
Tortillas de patatas (a la Estibaliz Larrainzar
de Pamplona, Navarra, España) 58
Albondigas 59
Schweinsbraten mit Semmelknödeln 60
Semmelknödel 62
Yassa 63
Erdnuss-Suppe 70
Torta de Melanzani (Melanzanitorte) 71
Indischer Kichererbsensalat 76
Rote Rübensalat 77
Grobm-Dodl-Suppe 78
Asiatische Fischsuppe 79
Reisauflauf mit Himbeer-Chaudeau 84
Blattlkrapfen mit Sauerkraut 86
Geröstetes Gemüse 88
Steinpilzrisotto 89
Omas Schokobiskuit 92
Spinatspätzle (gut und schnell) 98
Ungarische Gulaschsuppe 99
Penne ai cetrioli 101
Massaman Lammcurry mit Süßkartoffeln 102
Thailändischer Nudelsalat 104
Injeera mit Sauce 105
Fisch mit Kochbanane 110
Faschierter Braten mit Erdapfelpüree 111
Escabeche (Ensalada de verduras – Gemüsesalat) 112
Potato Pie (Pastel de papas – Kartoffelpfanne) 113
Waldviertler Mohnzelten 114
Lachsnudeln à la Pietro 115
Die Stelze 120

Chröpfeli 122
Warmer Schafkäse im Dattelmantel 123
»Jeder Nachteil hab' sei' Vorteil« oder was
Johan Cruijff mit einer Apfeltorte zu tun hat! 128
Melanzanisalat 130
Dorowot (Äthiopisches Huhn) 131
Empanadas de Pollo (Hühnchenfülle) 132
Guiso de Arroz o Fideo (Eintopf mit Reis
oder Nudeln) 134
Okra und Champignon Curry 135

Rezepte (Alphabetisch)

VORSPEISEN / SNACKS
Asiatische Fischsuppe 79
Buchteln mit Pesto 22
Eier mit Zwiebel und Tomaten 21
Erdäpfelsuppe mit Maroni & Sellerie 19
Erdnuss-Suppe 70
Escabeche (Ensalada de verduras – Gemüsesalat) 112
Grobm-Dodl-Suppe 78
Die Hühnersuppe
(Goldene Suppe, Goldene Joich – jüdisch) 8
Indischer Kichererbsensalat 76
Karottensuppe – indisch gewürzt 20
Melanzanisalat 130
Rote Rübensalat 77
Sabine's Salat 13
Speckkipferln 18
Stephy-Omi-Toast 55
Thailändischer Nudelsalat 104
Tortillas de patatas 58
Ungarische Gulaschsuppe 99
Warmer Schafkäse im Dattelmantel 123

HAUPTSPEISEN
Albondigas 59
Äthiopisches Huhn (Dorowot) 131
Blattlkrapfen mit Sauerkraut 86
Domlyama 44
Dorowot (Äthiopisches Huhn) 131

Verwendete Abkürzungen:
g .... Gramm
kg .... Kilogramm
EL .... Esslöffel
l .... Liter
TL .... Teelöffel
ml .... Milliliter
cl .... Zentiliter
Pkg. .... Packung
Msp. .... Messerspitze
Stk. .... Stück

Alphabetischer Index

Eintopf mit Reis oder Nudeln 134
Empanadas de Pollo (Hühnchenfülle) 132
Erdnuss-Huhn 10
Faschierter Braten mit Erdapfelpüree 111
Fisch mit Kochbanane 110
Gefüllte Germtascherln (Piroggen) 43
Geröstetes Gemüse 88
Guiso de Arroz o Fideo (Eintopf mit Reis oder Nudeln) 134
Injeera mit Sauce 105
Kartoffelgratinée 16
Kartoffelpfanne 113
Kürbisstrudel mit falschem Blätterteig 42
Lachsnudeln à la Pietro 115
Mangoldstrudel 16
Massaman Lammcurry mit Süßkartoffeln 102
Melanzaniauflauf 33
Melanzanitorte 71
Okra und Champignon Curry 135
Palak Paneer (Spinat mit indischem Käse) 50
Parmigiana di Melanzane (Melanzaniauflauf) 33
Penne ai cetrioli 101
Piroggen (gefüllte Germtascherln) 43
Potato Pie (Pastel de papas – Kartoffelpfanne) 113
Russische Pelmeni (Teigtäschchen) 44
Schweinsbraten mit Semmelknödeln 60
Spätherbstromanze & gegrillte Brachse 56
Spinat mit indischem Käse 50
Spinatspätzle (gut und schnell) 98
Steinpilzrisotto 89
Die Stelze 120
Striptease 54
Teigtäschchen (Russische Pelmeni) 44
Torta de Melanzani (Melanzanitorte) 71
Yassa 63

NACHSPEISEN

Appeltaart 128
Baiser mit Birnen & Brimborium 30
Cranachan 34
Chröpfeli 122
Ellas Cookies 11
Kekstorte 32
Obstspieße im Schokomantel 31
Omas Schokobiskuit 92
Reisauflauf mit Himbeer-Chaudeau 84
Sachertorte laut Papa 36
Süßer Couscous mit Zwetschkenkompott 49
Tiramisu-Pralinen 12
Topfenstrudel 53
Waldviertler Mohnzelten 114

Kontaktadressen / Homepages
www.grenzenloskochen.at; office@grenzenloskochen.at; Tel. 02242 / 5308

Grenzenlos Kochen: Mieke Lipphard-Visscher & Marianne Prebio, www.grenzenloskochen.at/kochabende
Grenzenlos Spielen: Aida Maas Al Sania, www.grenzenloskochen.at/spielen
Grenzenlos Fußball: Mohamed Tlig, www.grenzenloskochen.at/fussball
Grenzenlos Puppentheater: Guni Zeppelzauer, www.grenzenloskochen.at/puppentheater
Grenzenlos Singen: Peter Mlzoch, www.grenzenloskochen.at/singen
Grenzenlos Sport: Alejandro Viveros, www.grenzenloskochen.at/sport
Grenzenlos Sommer: Marianne Haider & Anna Gruber, www.grenzenloskochen.at/sommer
Grenzenlos Literatur: Franz Meister, www.grenzenloskochen.at/literatur
Grenzenlos Deutsch: Karin Ewers, www.grenzenloskochen.at/deutsch
Grenzenlos Integration: Renate Sova, rsova@twinsolutions.at
Grenzenlos Werkstatt: Veronika Gruber, www.veronikagruber.at

ÖJAB Wohnheim Greifenstein: www.greifenstein.oejab.at
Radl-Salon: www.radl-salon.at
Sozialmarie: www.sozialmarie.org
Fotos: www.nadjameister.com
Grafik & Produktion: www.grafdwerk.at